Ursula Summ

trennkost
für Berufstätige
schnell & einfach

Inhalt

Vorwort

Liebe Leserinnen und Leser,

berufstätig zu sein und sich gleichzeitig an den Regeln der Trennkost zu orientieren ist kein Widerspruch – im Gegenteil. Durch meine jahrelange Erfahrung, das Feedback in Kochkursen und die Fragen vieler Leser weiß ich, dass das Prinzip der Trennkost auch im turbulenten Berufsalltag eine praktikable Möglichkeit ist, sich gesund und ausgewogen zu ernähren.

Mit dem Trennungsprinzip entscheiden Sie sich für eine Langzeiternährung, die Ihnen auf Dauer mehr Vitalität und bessere Gesundheit garantiert. Machen Sie einen Test: Ernähren Sie sich eine Woche lang nach den Regeln meiner Trennkost. Kurz nach der Umstellung werden Sie spüren, wie diese Ernährungsform Ihren Körper munter und den Geist hellwach macht. Essen Sie nach der Testwoche wieder Ihre gewohnte Mischkost. Achten Sie wiederum auf die Reaktionen Ihres Körpers. Sie werden überrascht feststellen: Mischkost macht müde und schlapp.

Das Gegenteil bewirkt die Trennkost. Sie fördert Ihre Lebensfreude und verwandelt Lustlose in lebenslustige, antriebsstarke und geistig aktive Menschen. Die anregende Wirkung dieser vitalstoff- und abwechslungsreichen Kost macht Sie fröhlich, kreativ, wach und frisch. Ihre innere Dynamik nimmt dabei zu, Glücksgefühle steigen auf, Sie sind optimistisch gestimmt und gewinnen an Charisma.

Meine Trennkost mit der Einsteigerwoche zum Testen, mit den praktischen Anregungen für den Berufsalltag und den abwechslungsreichen Rezepten in den vier Kapiteln verändert Ihr Leben und macht Sie nicht nur privat, sondern auch im Geschäftsleben zum Gewinner. Stellen Sie Ihre Ernährung um und überzeugen Sie sich selbst!

Herzlichst, Ihre

Zeit ist Gesundheit

Zeit ist Gesundheit

Der Wunsch nach gesunder Ernährung ist bei vielen Berufstätigen vorhanden, doch die Umsetzung scheitert leider nur allzu oft am Faktor Zeit. Berufsalltag und Freizeit werden von einem voll gepackten Terminkalender regiert, so dass für Essen und Trinken kaum Zeit übrig bleibt. So verkümmert der Genuss der Nahrungsaufnahme zur Nebensächlichkeit. Die schnelle Mahlzeit im Stehen, im Vorübergehen oder zwischen Tür und Angel hat daher im Berufsalltag weitgehend Einzug gehalten.

Doch denken Sie daran: Nahrung ist Energiequelle und Baustoff zugleich. Mit dem Essen entscheiden Sie, wie fit, gesund und vital Sie sind. Je vollwertiger das Essen, desto besser werden Sie sich fühlen und den Anforderungen im Alltag gerecht werden. In diesem Buch lernen Sie nicht nur die Vorzüge der Trennkost kennen, sondern erfahren auch, wie Sie unter Beachtung der Trennregeln und bei einem vollen Terminkalender Ihrem Körper das geben können, was er braucht.

Trennen und kombinieren nach Dr. Hay

Dass die Trennkost so beliebt ist, liegt daran, dass sich jeder schnell mit den einfachen Regeln vertraut machen kann. Es gibt keine strengen Verbote, sondern einfache Regeln und Empfehlungen, deren Umsetzung in der Praxis ausgesprochen unkompliziert ist. Die Nahrungsmittel werden nicht wahllos miteinander gemischt, sondern harmonisch aufeinander abgestimmt. Das Prinzip von Dr. Hay, der Erfinder dieser Ernährungsform, ist nichts anderes als eine Vollwerternährung, bei der überwiegend eiweißreiche Nahrungsmittel nicht gleichzeitig mit überwiegend kohlenhydratreichen gegessen werden sollen. Darüber hinaus werden sämtliche Nahrungsmittel in drei Gruppen eingeteilt, und zwar in:

- **eiweißreiche Nahrungsmittel,**
- **kohlenhydratreiche Nahrungsmittel** und
- **neutrale Nahrungsmittel.**

Der Trennplan auf Seite 14 und 15 gibt Ihnen einen Überblick, welche Nahrungsmittel zur Eiweiß- oder Kohlenhydratgruppe beziehungsweise zur neutralen Gruppe gehören. Als Grundregel gilt immer:

Mische (neutral) + (Eiweiß) oder (neutral) + (Kohlenhydrat)

Werden dagegen Eiweiße und Kohlenhydrate gleichzeitig aufgenommen, blockieren sich diese bei der Verdauung. Die Folge: Organe werden überlastet. Zudem sollten Sie bei der Trennkost Eiweiß und Kohlenhydrate nicht nur trennen, sondern auch auf das richtige Verhältnis von Säure und Basen bildenden Nahrungsmitteln achten. Bei einem Mix aus 60–80 Prozent basischen Lebensmitteln und 20 bis höchstens 40 Prozent Säurelieferanten wirken Sie einer Übersäuerung im Körper entgegen. Die Tabelle auf Seite 5 gibt einen Überblick über Basen- und Säurebildner

Bewegung tut gut

Neben einer gesunden Ernährung gehört auch Bewegung zu einem optimalen Tagesablauf. Moderate körperliche Bewegung macht nicht nur fit, sondern auch geistig reger gegenüber den Belastungen eines prallvollen Arbeitstages.

Auch wer wenig Zeit hat und tagein, tagaus von Termin zu Termin hetzen muss, kann mit ein biss-

Basenbildner
Gemüse
Kartoffeln
Pilze, Keimlinge und Sprossen
Blattsalate
frische Kräuter
reifes Obst
Molke und Sahne
Mandeln und Paranüsse
Mineralwasser ohne Kohlensäure
frisch gepresste Obst- und Gemüsesäfte

Säurebildner
Fleisch und Wurstwaren
Geflügel und Wild
Fisch und Meeresfrüchte
Eier, Butter, Käse und Quark
Getreide, Brot und Brötchen*
Nudeln*
Hülsenfrüchte
raffinierter Zucker
Süßwaren
gehärtete Pflanzenfette und raffinierte Öle
Walnüsse*, Haselnüsse* und Erdnüsse
Limonaden, Kaffee, schwarzer Tee, Kakao, alkoholische Getränke

* Vollkornprodukte, Naturreis, Walnuss- und Haselnusskerne sind schwächer Säure bildend

chen Überlegung mehr Bewegung in seinen Alltag bringen. Klar, Bewegung soll in erster Linie Spaß machen und darf den Körper nicht überfordern. Ideal ist es, wenn Sie sich für ein regelmäßiges Cross-Training begeistern könnten, bei dem Sie ein leichtes Muskeltraining (z. B. im Fitnessstudio) mit einer Ausdauersportart (z. B. Laufen, Radfahren, Langlaufen, Schwimmen, Wandern) und einem Beweglichkeitstraining (z. B. Stretching, Yoga, Gymnastik) kombinieren.

Für einen langen Atem

Bewusstes Atmen ist morgens oder zwischendurch am Arbeitsplatz leicht umzusetzen. Suchen Sie sich im Laufe des Tages Lücken, vielleicht zwischen der Bearbeitung von zwei Aufgaben oder vor der nächsten wichtigen Besprechung, und gewöhnen Sie sich eine tiefe und langsame Atmung an. So aktivieren Sie Ihre Brust- und Bauchmuskulatur und sorgen außerdem für mehr Energie im Körper und entspannte Nerven. Denn wer bewusst atmet, ist viel zu entspannt, um den Überblick zu verlieren. Stressreaktionen wie Herzrasen, erhöhter Puls und aufkommende Panik verschwinden. Die geistigen Kräfte werden wieder aktiviert.

Probieren Sie das gezielte Ein- und Ausatmen in einer stillen Minute einmal aus. Sie werden sehen, wie gut das tut. Schließen Sie die Augen und atmen Sie einige Minuten tief ein und aus. Stellen Sie sich dabei gleichzeitig vor, wie mit jedem Atemzug verbrauchte Energie aus dem Körper entweicht und durch frische Energie ersetzt wird.

➤ So geht's: Durch die Nase tief Luft holen, dabei nachspüren wie der Atem langsam die Lungen füllt. Kurz innehalten.

➤ Dann die Luft langsam durch Mund oder Nase entweichen lassen.

➤ Die Übung insgesamt 15-mal wiederholen.

Gut geplant ist halb gekocht

Bisweilen ist der Berufsalltag so turbulent, dass Sie nur gut organisiert sich den Wunsch nach einer gesunden Ernährung erfüllen können. Doch mit gezielter Planung und Vorbereitung kommen Sie Ihrem Ziel »gesund essen und dabei genießen« auf jeden Fall ein Stück näher.

Testen Sie, welche Vorgehensweise am besten zu Ihrem Tagesablauf passt oder überlegen Sie, an welcher Stelle noch kleine Veränderungen möglich sind. Zugegeben, es ist nicht leicht, alte Gewohnheiten von heute auf morgen über Bord zu werfen. Doch mit etwas gutem Willen und einer gehörigen Portion Selbstmotivation wird es Ihnen gelingen.

Basiszutaten für alle Fälle

Wenn Sie sich im ersten Schritt entschlossen haben, auf Trennkost umzusteigen und sich mit den Trennregeln und den Rezepten vertraut gemacht haben, lohnt es sich, im nächsten Schritt den Grundvorrat zu überprüfen. Füllen Sie auf, was fehlt und besorgen Sie alles, was Sie für die die Zubereitung der Rezepte, die Sie sich zum Start in die Trennkost ausgesucht haben, brauchen. Mit dem folgenden Vorschlag sind Sie bestens gerüstet und sparen Zeit.

Für den Vorratsschrank

➤ Getreide und Getreideprodukte: Dinkel- und Weizenvollkornmehl, Vollkornhaferflocken, 4-Kornflocken, Dinkel, Bulgur, Hirse, Vollkornknäckebrot, Vollkornzwieback, Pumpernickeltaler, Vollkornnudeln.

➤ Samen und Nüsse: Sesamsamen, Sonnenblumenkerne, Kürbiskerne, Mandeln (ganze, gemahlene, Stifte, Blättchen), Pistazien, Walnusskerne, Haselnusskerne, Pinienkerne, Cashewkerne, Kokosraspel.

➤ Ungeschwefeltes Trockenobst: Rosinen, Pflaumen, Soft Aprikosen, Feigen.

➤ Süßungsmittel: Honig, Ahornsirup, Agavendicksaft, Frutilose.

➤ Gewürze und Würzmittel: Meersalz, Kräutersalz, Pfefferkörner, rosenscharfes Paprikapulver, Kardamom, Zimtpulver, Vanillepulver, Currypulver, Wacholderbeeren, Lorbeerblätter, Kümmel, Kreuzkümmel, Nelken, Chilipulver, Safranpulver, Cayennepfeffer, Muskatnuss.

➤ Meerrettich (Glas), Dijon-Senf, Tabasco, Sambal oelek, salzarmer Ketchup, vegetarische Gemüsebrühe (Instant), Sojasauce (hell oder dunkel), Tomatenmark.

➤ Aceto balsamico, Obstessig, Himbeeressig.

➤ Kaltgepresste Öle: Sonnenblumenöl, Olivenöl, Walnussöl, Kürbiskernöl.

➤ Kräuter: im Topf, z. B. Minze, Dill, Petersilie, Kerbel, Schnittlauch, Majoran, Zitronenmelisse, Basilikum.

➤ Getrocknete Kräuter, z. B. Thymian, Oregano, Kräuter der Provence, Rosmarin.

➤ Sonstiges: Weinstein-Backpulver, Natron, Rotwein zum Kochen, Backöl, z. B. Bittermandelöl, Gelatine, Kokosmilch, Sojacreme, Früchtetee, Kräutertee.

Diese Vorräte lieben es kühl, trocken und dunkel und sollten einmal im Monat bzw. sofort aufgefüllt werden. Hin und wieder einen Blick auf das Mindesthaltbarkeitsdatum werfen und Abgelaufenes ausrangieren.

Für den Kühlschrank

➤ Milch, gesäuerte Milchprodukte, z. B. Naturjoghurt, Dickmilch, Kefir, Buttermilch, Schmand, Crème fraîche, neutrale Käsesorten.

➤ Eier aus artgerechter Freilandhaltung.

➤ Butter, ungehärtetes Kokosfett.

Diese Zutaten zum Wochenbeginn besorgen und auf das Mindesthaltbarkeitsdatum achten. Geöffnete Packungen wieder gut verschließen und innerhalb weniger Tage verbrauchen.

Fürs Gefrierfach

Auch ein Grundvorrat an TK-Produkten wie Kräuter oder Kräutermischungen, Garnelen, Gemüse und Obst (z. B. Spinat, Mais oder Erbsen, Heidelbeeren) erleichtern Ihnen, die Rezepte in diesem Buch nachzukochen.

Frische Produkte

Frische Produkte oder Extras, die Sie in der Einsteigerwoche brauchen, stehen auf der Einkaufsliste auf Seite 17. Alle übrigen Zutaten sind Basisvorräte und sollten vorrätig sein. Ab der zweiten Woche legen Sie am besten wöchentlich fest, was Sie täglich mitnehmen und kochen möchten und stimmen dann Ihren Einkauf darauf ab. Frisches wie Salat und Gemüse, Kräuter und Obst alle zwei Tage besorgen und sobald wie möglich nach dem Einkauf essen oder zubereiten, dabei bis zum Verzehr richtig aufbewahren.

➤ Gemüse, außer Tomaten und Auberginen – beide mögen es nicht kalt –, luftig verpackt ins Gemüsefach legen. Das Grün von Radieschen, Rettich, Bundmöhren und Kohlrabi vor der Lagerung im Gemüsefach entfernen.

➤ Kräuter im Bund nicht in Wasser, sondern in einer dicht verschließbaren Plastikbox oder in einem Frischhaltebeutel im Kühlschrank aufbewahren.

➤ Reifes empfindliches Obst, z. B. Mangos, Papayas, Melonen oder Bananen am besten sofort essen.

Mini-Vorrat am Arbeitsplatz

Berufstätige, denen der Arbeitgeber eine Küche mit Herd, Kühlschrank und Schränken zur Verfügung stellt, haben Glück. Sie können Mitgebrachtes kühlen, aufwärmen und sich einen kleinen Vorrat mit Tee, Öl und Essig in Mini-Fläschchen, eine Gewürz- und Müslimischung oder Salatdressing zulegen. Auf der Fensterbank hat möglicherweise sogar noch ein Kräutertopf Platz und im Büro eine Schale mit der Tagesration an Obst und Gemüse zum Knabbern. In der Schreibtischschublade lassen sich eventuell Müsliriegel oder andere Snacks aus diesem Buch deponieren.

Mit Trennkost durch den Tag

Mit Trennkost durch den Tag

Aktivieren Sie schon vor dem Frühstück Ihre vom Schlaf entspannten Muskeln. Noch im Bett ausgiebig dehnen und recken, danach das Fenster öffnen und ein paar Atem- und Gymnastikübungen machen. Anschließend den Körper mit einer Bürste oder einem Massagehandschuh abreiben – und schon fühlen Sie sich wach und munter. Danach schmeckt das Frühstück umso besser. Die erste Mahlzeit des Tages ist die wichtigste und sollte nicht ausgelassen werden. Snacks am Vormittag halten die Leistungskurve konstant, und der kleine Nachmittagsimbiss garantiert Elan bis zum Feierabend. Mittags ist Halbzeit, in der Sie sich mit dem richtigen Mittagessen für die zweite Tageshälfte fit machen. Am Abend bleibt Zeit zum Schlemmen und Genießen.

Frühstücksgenuss

Nehmen Sie sich zum Frühstück etwas Zeit und genießen Sie es ohne Handy und Terminkalender. Wählen Sie nach Belieben zwischen einer Kohlenhydratmahlzeit mit beispielsweise einem belegten Brot (1 Scheibe Vollkornbrot mit Butter bestreichen und mit Käse aus der neutralen Gruppe belegen), einer Eiweißmahlzeit mit 2 Rühreiern und reichlich neutralem Gemüse, z. B. Tomate, Gurke oder Paprikaschote, oder nur frischem Obst der Saison, und zwar in beliebiger Menge. Mischen Sie frisches, säurehaltiges Obst, das zur Eiweißgruppe zählt, nicht mit Bananen, Feigen oder Datteln, da diese zur Gruppe der Kohlenhydrate gehören.

Wenn Sie zu den Frühstücksmuffeln gehören, dann trinken Sie wenigstens eine Tasse Tee oder genießen einen der schnellen Drinks von Seite 52/53 – der ist im Nu fertig und rutscht immer – oder nehmen ein Müsli bzw. Getreidebrei (Rezepte ab Seite 38) mit und frühstücken später. Verwenden Sie fürs Müsli keine frische Milch und keine sauren Obstsorten. Besser eignen sich gesäuerte Milchsorten wie Kefir, Joghurt oder Buttermilch, dazu Sonnenblumenkerne, Trockenfrüchte, mürber Apfel und Banane.

Snacken erwünscht

Wer mit Volldampf startet braucht zwischendurch Nachschub. Stellen Sie sich neben Wasser ohne Kohlensäure Basen bildende Lebensmittel (siehe Seite 5) zum Knabbern bereit, d. h. sorgen Sie für eine konstante Leistungskurve mit so viel reifen Früchten oder Rohkost wie der Körper verlangt. Wer große Mengen Rohes nicht verträgt, löffelt Naturjoghurt, Hüttenkäse oder den Zitronenquark mit Sprossen von Seite 37.

Am Nachmittag braucht der Körper zum Durchhalten Kohlenhydrate. Wenn Sie dann Trockenfrüchte, Nüsse, ein selbst gemixtes Studentenfutter, eine reife Banane oder die Müsliriegel von Seite 55 in der Schreibtischschublade haben, ist das Nachmittagstief rasch vorbei.

Mein Tipp

Wenn die Augen schwächeln

Computer- und Schreibtischarbeit belasten die Augen, Beschwerden wie Augenbrennen, trockene oder gerötete Augen sind oft die Folge. Mit 3-Minuten-Übungen können Sie diesen Beschwerden gezielt vorbeugen.

➤ So geht's: Augen schließen. Die Schläfen (etwa zwei Finger breit neben den Brauen) eine halbe Minute mit sanftem Druck und in kreisenden Bewegungen massieren. Vom Bildschirm wegsetzen, zurücklehnen und neunmal tief durchatmen.

Mitgebrachtes für die Mittagspause

Menschen, die eine Büro- oder Schreibtischtätigkeit ausüben, brauchen als Basis für die zweite Tageshälfte etwas Leichtes. Für den Hunger in der Halbzeit sind alle Kombinationen aus Salat oder Gemüse mit Seefisch oder magerem Fleisch, also eine Eiweißmahlzeit, optimal. Auch der Genuss einer Kohlenhydratmahlzeit ist mittags möglich.

➤ Wenn Sie sich für eine große Portion frischen Salat entscheiden, wählen Sie einen Mix aus einer Blattsalatsorte, z. B. Kopfsalat, Eichblattsalat, Lollo rosso oder Eisbergsalat, und zwei bis drei weiteren Gemüsen. Zum Sattwerden knackiges Gemüse wie Kohlrabi, Fenchel, Möhre, Rot- und Weißkohl und Sellerie untermischen, bei denen Sie richtig kauen müssen. Das Gemüse roh und grob geraspelt und luftdicht verpackt mitnehmen und im Firmenkühlschrank bis zur Mittagspause kühlen. Erst kurz vor dem Essen den Salat mit einem selbst gemachten und separat verpackten Dressing (Rezepte Seite 55) anmachen und auf einem Teller appetitlich anrichten.

➤ Kombiniert mit Putenfleisch oder mit Käse und hart gekochten Eiern wird aus dem neutralen Salat eine Eiweißmahlzeit.

➤ Neutraler Salat plus Vollkornbrot oder -brötchen wird zur Kohlenhydratmahlzeit. Besorgen Sie das Brot oder Brötchen morgens frisch auf dem Weg zur Arbeit.

➤ Bekömmliche Alternativen zu Salat mit Vollkornbrot sind Kartoffel-, Nudel- Reis- und Getreidesalat mit viel Gemüse und/oder Sprossen. Diese Salate lassen sich abends gut vorbereiten und am Morgen oder am Arbeitsplatz fertig stellen.

➤ Für Sandwiches oder belegte Brote, ebenfalls eine Kohlenhydratmahlzeit, als Grundlage Vollkornbrot wählen und mit dem Belag variieren. Als Belag kommen Tomaten, Salatblätter, Kresse, Avocado, Salami, roher Rinderschinken und selbst gemachte Aufstriche (Rezepte Seite 44) in Frage.

Ein Rundgang tut gut

Nutzen Sie die Mittagspause sowohl zum Stärken als auch zum Regenerieren. Arbeiten Sie nicht durch, sondern verlassen Sie Ihren Arbeitsplatz und gehen Sie eine Runde im Freien spazieren, um Licht und Sauerstoff zu tanken. Dabei gewinnen Sie neue Kraft und lockern Ihre Muskeln. Danach können Sie entspannt den nächsten Termin wahrnehmen. Wer mag, kann den Rundgang auch für Besorgungen nutzen, doch packen Sie die Pause nicht zu voll, sonst ist die Erholung dahin.

Clever vorbereiten

Clever vorbereiten

Welche Möglichkeiten gibt es, wenn für Sie Fertigprodukte und Fastfood nicht in Frage kommen, Sie dennoch gesund essen möchten und gleichzeitig Einkaufen, Kochen und Beruf unter einen Hut bringen müssen? Ein Patentrezept gibt es leider nicht, da jeder seine individuellen Abläufe und Rituale im Alltag hat. Mit den folgenden Tipps und Anregungen kommen Sie etwas leichter durch den Berufsalltag.

Machen Sie sich mit den Trennregeln allmählich vertraut, damit Sie sämtliche Zutaten im Handumdrehen den Gruppen ■ Neutral, ■ Eiweiß und ■ Kohlenhydrate zuordnen können.

Benutzen Sie sinnvolle Küchenutensilien, die Zeit sparen helfen und gleichzeitig Nährstoffe schonen, wie beispielsweise Schnellkochtopf, Wok, Töpfe mit Hitze speichernden Böden, Dämpfeinsätze für Gemüse und Fisch, einen Pürierstab oder manuellen Zerhacker, mit dem Nüsse, Zwiebeln oder Kräuter blitzschnell zerkleinert sind.

Alle Gerichte wirken appetitlich, wenn sie optisch schön aussehen. Mit wenigen Handgriffen, etwas Fantasie und ein paar Küchenhelfern können Sie sogar etwas fürs Auge tun. Mit einem Kugelausstecher lassen sich beispielsweise Kugeln aus Gemüse und Obst ausstechen. Wellig werden Obst und Gemüse, wenn Sie es mit einem Bundmesser, das eine gezackte Klinge hat, schneiden. Möhrenblümchen oder Gurkenräder, Käseherzen oder Gemüsetiere entstehen mühelos mit einem Ziseliermesser bzw. mit Ausstechformen.

Bereiten Sie am Vorabend entweder ganz oder in Etappen das Mittagessen für den nächsten Tag vor. Wenn Sie zum Abendessen gleich die doppelte Menge kochen, kann der Rest am Arbeitsplatz aufgewärmt genossen werden. Oder Sie halten sich an die Devise »aus eins mach zwei«:

➤ Kochen Sie abends ein Kartoffel-, Reis- oder Nudelgericht, lohnt es sich, für den nächsten Tag mitzuplanen und die doppelte oder gar dreifache Menge zu kochen. Im Schnellkochtopf sind Kartoffeln blitzschnell gar. Und im Kühlschrank halten sich gekochte Kartoffeln, Nudeln und auch Reis etwa zwei Tage. Sie können nach Belieben zu Salat oder Gratin verarbeitet werden.

➤ Gegarte Gemüsereste lassen sich prima zu leckeren Gemüsesalaten oder fein püriert mit etwas vegetarischer Brühe zu einer cremigen Suppe verarbeiten und am nächsten Tag mit frischen Kräutern und Sprossen aufpeppen.

➤ Die Salatzubereitung ist je nach Sorte gering oder zeitaufwändiger. Darum putzen und waschen Sie ihn bereits abends oder noch besser erst morgens und stellen ihn, luftdicht in einer Frischhaltebox verpackt, in den Kühlschrank.

➤ Salatdressing separat zubereiten und mitnehmen. Den Salat erst kurz vor dem Essen damit anmachen.

Gut einpacken

Alle Mittagsgerichte in diesem Buch sind zum Mitnehmen gedacht und lassen sich richtig verpackt fix und fertig oder teilweise separat problemlos transportieren. Je nach Rezept werden Zutaten zum Garnieren, Bestreuen, Aufpeppen oder Fertigstellen extra verpackt und erst am Arbeitsplatz angerichtet oder mit dem halbfertigen Gericht gemixt.

➤ Das Angebot an auslaufsicheren und verschließbaren Kunststoffdosen oder -boxen ist mittlerweile riesengroß und überall in verschiedenen Formen, Farben und Größen erhältlich.

➤ Gläser mit Schraubverschluss, die gratis als Leergut anfallen, eignen sich bestens, um Cremiges, Flüssiges, Dressings und selbst gemachte Brotaufstriche mitzunehmen. Zum Anmachen das Dressing im Schraubglas oder der Flasche nur noch kurz schütteln.

➤ Wer bei der Spätschicht gerne etwas Warmes isst und vor Ort nichts aufwärmen kann, besorgt sich für den Transport im Fachhandel ein Thermogefäß.

➤ Kräuter, Salatblätter und Sprossen werden in Kunststoffbeuteln mit Reißverschluss, Klarsichtfolie oder Frischhaltebeuteln mit Clip transportfähig.

Schön anrichten

Ihrer Gesundheit zuliebe lohnt sich nicht nur das Vorkochen, Verpacken und Transportieren, sondern auch ein schönes Ambiente. Damit Sie Ihre Mittagspause genießen können, richten Sie Ihren Essplatz so gemütlich wie möglich her. Schieben Sie in der Essenszeit Akten, Stifte und Ordner beiseite. Eine frische Serviette, schönes Geschirr und Besteck und ein Glas können Sie sicher am Arbeitsplatz unterbringen und auch reinigen.
Ein schön gedeckter Essplatz und das liebevoll auf dem Teller angerichtete Mitgebrachte sind kein Luxus, sondern ein sinnliches Vergnügen zwischen Fax und PC.

Bei den Rezepten finden Sie meist einen einfachen Vorschlag zum Anrichten, denn das Auge isst ja bekanntlich mit. Gibt es einen Gemeinschaftsraum, so nutzen Sie ihn für das gemeinsame Essen mit den Kollegen.

Schlemmen nach Feierabend

Jeden Tag dasselbe: tagsüber arbeiten, auf dem Nachhauseweg rasch noch was besorgen, zu Hause aufräumen, bügeln oder Hausaufgaben der Kinder überprüfen und vieles mehr und dazwischen schnell noch was kochen, das allen schmeckt, abwechslungsreich und gesund zugleich ist. Das alles ist eine echte Herausforderung, aber mit etwas Geschick und einem guten Timing machbar. Nach einem langen arbeitsreichen Tag will keiner mehr lange in der Küche stehen, höchstens eine halbe Stunde, länger nicht. Wenn es mittags trotz aller guten Vorsätze ziemlich turbulent war, dann sollte wenigstens die Abendmahlzeit nicht zu kurz kommen. Um diese Tageszeit haben Sie ein Recht auf Ruhe und eine gelassene Atmosphäre. Verwöhnen Sie sich am Ende des Tages mit einem guten Essen, einem schön gedeckten Tisch, Kerzenlicht, Blumen und Hintergrundmusik.

Kohlenhydrate oder Eiweiß?

Abends ist wegen der Bekömmlichkeit etwas Leichtverdauliches angebracht, am besten eine Kohlenhydratmahlzeit. Ob warm oder kalt, Kohlenhydratgericht oder Eiweißmahlzeit, das hängt vom Tagesverlauf ab. Leicht bekömmliche Kohlenhydratgerichte können Sie abends aus Kartoffeln, Reis oder Nudeln mit viel Gemüse kreieren. Wer mittags bei einem Arbeitsessen warm gegessen hat, dem genügt vielleicht ein trennkostgerechter Snack oder Brot mit einer großen Portion gedünstetem Gemüse, wenn Rohkost oder Salat eher belastet als bekommt. Doch wer mittags ein Kohlenhydratgericht verspeist hat, kann tauschen und zum Abendessen ein Eiweißgericht aus zartem Fleisch oder Fisch zubereiten und dazu eine große Portion Gemüse oder Salat servieren.

Ideale Zutaten und Gerichte

Hier ein paar »fixe Ideen« für den Genuss am Feierabend:

➤ Vollwertig und superschnell sind Pellkartoffeln mit Kräuterquark zubereitet. Ein neutraler Salat vorweg rundet das Ganze prima ab.

➤ Pastagerichte schmecken lecker mit einer leichten Sauce, dem Vorratspesto von Seite 93, mit zarten Gemüsestreifen oder gemischten Wildkräutern. Dazu passt als Vorspeise ein neutraler knackiger Blattsalat.

➤ Liebhaber von Gratiniertem oder Überbackenem sparen Zeit, wenn sie Käsewürfel oder geriebenen Käse über die heißen Zutaten in der Pfanne streuen, den Deckel auflegen und alles weitergaren, bis der Käse geschmolzen ist.

➤ Mit Quark, Joghurt oder Dickmilch im Kühlschrank sind leckere Desserts im Nu auf dem Tisch. Quark & Co. mit Honig verrühren, mit Früchten und gerösteten Nüssen ergänzen. Nicht vergessen: Beim Ergänzen die Trennregeln beachten. Mit Heidelbeeren wird das Blitzdessert neutral, mit Banane, Datteln und Trockenfrüchten gehört es zur Kohlenhydrat- und mit Orangen und anderen Beeren zur Eiweißgruppe.

➤ Gemüse lässt sich blitzschnell in schmale Streifen schneiden. Dafür das Gemüse erst in Scheiben schneiden, dann mehrere Scheiben stapeln und stifteln. So vorbereitet lässt es sich rasch für Pasta- und Wokgerichte verwenden.

➤ Noch mehr Abwechslung bieten ausgewählte TK-Gemüsemischungen, Vollkornreis statt Vollkornnudeln, Bulgur oder Couscous an Stelle von

Kartoffeln. Kombiniert mit Gemüse oder Salat – ein Hochgenuss.

Zeit sparende Garmethoden

Nicht nur mit gutem Timing, trennkostgerechtem Vorrat und idealen Zutaten lässt sich kostbare Zeit einsparen, sondern auch mit der Auswahl der Zubereitungsmethode. Mit den folgenden Gartechniken, richtig angewandt, ist stundenlanges Hantieren in der Küche nicht mehr nötig.

Kurzbraten

Fleisch lässt sich hervorragend kurz braten. Hierbei wird das Steak, Putenschnitzel oder Kalbsfilet in die heiße Pfanne gegeben. Die Poren schließen sich sofort, Fleischsaft, Aroma und Inhaltsstoffe werden eingeschlossen und bleiben erhalten. Fettbewusste geben wenig Fett in die Pfanne, am besten ein hoch erhitzbares Pflanzenöl. Noch besser ist das Kurzbraten in einer Pfanne mit Antihaftbeschichtung. Eine Fettzugabe ist dabei überflüssig bzw. beim starken Anbraten reicht eine winzige Menge.

Wokken

Die Anschaffung eines Woks ist eine gute Investition, denn fast alle Garmethoden sind in ihm möglich. Das große Plus: Im Wok können Sie frisches Gemüse auf die Schnelle knackig und lecker zubereiten. Durch die kurze Garzeit bleiben die gesunden Inhaltsstoffe weitgehend erhalten. Da beim Wokken oder Pfannenrühren alles blitzschnell geht, müssen sämtliche Zutaten – Gemüse, Fleisch, Fisch – vorbereitet werden, denn während des Garens bleibt dafür keine Zeit mehr. Den Wok zuerst erhitzen, etwas Öl zugeben und erneut erhitzen, dann nacheinander und portionsweise die Zutaten unter Rühren kurz anbraten und zum Nachgaren an die Seite schieben.

Dünsten

Beim Garen von Gemüse oder Fisch im fest verschlossenen Topf mit wenig Wasser, Wein oder Brühe bleiben Vitamine und Mineralstoffe weitgehend erhalten. Der fest sitzende Deckel verhindert, dass bei Gedünstetem diese wertvollen Stoffe und das Aroma mit dem Dampf entweichen. Das große Plus: Langes Ankochen entfällt, das spart Zeit und schont die Inhaltsstoffe von Gemüse und Fisch.

Schnellkochen

Das Garen unter Druck im hermetisch verschlossenen Topf hat jede Menge Vorteile: Nährstoffe werden geschont und das Aroma bleibt. Die Garzeit ist kürzer als sonst, und das spart Zeit und Energie. Die Zutaten – Kartoffeln, Fleisch und Gemüse mit langen Garzeiten – kommen mit wenig Flüssigkeit in den Topf. Den Deckel auflegen und fest verschließen, aufkochen und eventuell abdampfen lassen, dann die richtige Garstufe einstellen und die Temperatur so regulieren, dass der gewünschte Ring sichtbar wird und bleibt. Am Ende der Garzeit den Topf mit kaltem Wasser abkühlen und vorsichtig öffnen.

Grillen

Gemüse, Kartoffeln, Fisch, Fleisch und Obst lassen sich wunderbar grillen. Grillen bedeutet garen bei hoher Temperatur unter gleichzeitiger Bräunung des Grillgutes. Es bilden sich Röst- und Aromastoffe, die für den besonderen Geschmack sorgen. Das große Plus: Gegrillt wird mit wenig Fett und in kürzester Zeit. Ob in der Grillpfanne oder im Backofen mit zuschaltbarem Grill, Gegrilltes ist beliebt und schmeckt unwiderstehlich gut. Im Sommer wird Grillen auf Holzkohle zum Vergnügen und im Winter sorgen spezielle Tischgeräte für Ess-Spaß in geselliger Runde.

Kombinieren Sie Lebensmittel aus der neutralen Gruppe mit Lebensmitteln aus der Eiweiß- oder Kohlenhydratgruppe.

Neutrale Gruppe Teil 1

Diese Nahrungsmittel sparsam verwenden.

Fette

Kaltgepresste Öle, Butter, ungehärtete Margarine und Plattenfette.

Gesäuerte Milchprodukte

Buttermilch, Dickmilch, Joghurt, Kefir, Quark (20 % Fett i. Tr.), saure Sahne.

Sahne, Crème fraîche, Kaffeesahne.

Sojaerzeugnisse

Soja Creme, Soja cremig neutral, Soja Dream.

Käse

Alle Sorten aus naturbelassener roher Milch, Vollfettkäse über 60 % Fett i. Tr. und Weißkäsesorten.

Luftgetrocknete oder roh geräucherte Wurstwaren

Bündner Fleisch, Debrecziner, Lachsschinken, roher Schinken, Salami.

Rohes Fleisch

Tatar (rohes Fleisch nur ganz frisch und nicht zu häufig verzehren).

Rohe, marinierte oder geräucherte Fischsorten

Gebeizter Lachs, geräucherter Aal, Bückling, Heilbutt, geräucherte Forelle und Makrele, Matjeshering, Räucherlachs, Schillerlocken.

Nüsse und Samen

Haselnusskerne, Mandeln, Walnusskerne, Pinienkerne (Erdnüsse meiden, sie sind schwer verdaulich), Kokosnuss, Kürbiskerne, Sonnenblumenkerne, Sesamsamen.

Essigersatz

Vergorenes Molkekonzentrat (Molkosan), Obstessig, Brottrunk.

Klare hochprozentige Spirituosen

Klarer Obstbrand, Korn, Wacholder.

Sonstiges

Ungeschwefelte Rosinen, Oliven, Eigelb, Hefe, Gemüsebrühe.

Neutrale Gruppe Teil 2

Diese Nahrungsmittel unbegrenzt verwenden.

Gemüsesorten

Auberginen, Artischocken, Avocados, Brokkoli, Blumenkohl, grüne Bohnen, Chicorée, Chinakohl, grüne Erbsen, Fenchel, Grünkohl, Gurken, Knollensellerie, Kohlrabi, Kohlrübe (Steckrübe), Kürbis, Lauch, frischer Mais, Mangold, Melonen, Möhren, Okra, Palmherzen, Paprikaschoten, Peperoni, Spargel, Spinat, Spitzkohl, Staudensellerie, Radieschen, Rettich, Rote Beten, Rosenkohl, rohe Tomaten, Topinambur, Rotkohl, Sauerkraut, Suppengrün, Schwarzwurzeln, Wachsbohnen, Weißkohl, Wirsing, Zucchini, frischer Zuckermais.

Frühlingszwiebeln, Knoblauch, Pfefferschoten, Schalotten, Zwiebeln.

Blattsalate

Bataviasalat, Endiviensalat, Eichblattsalat, Eisbergsalat, Feldsalat, Friséesalat, Kopfsalat, Lollo rosso, Lollo biondo, Rucola, Radicchio, Römischer Salat.

Pilze

Austernpilze, Champignons, Egerlinge, Hallimasch, Morcheln, Pfifferlinge, Rotkappen, Shiitake-Pilze, Steinpilze und andere Waldpilze, Trüffel.

Sprossen und Keime

Alfalfasprossen, Mungobohnensprossen, Radieschensprossen, Kichererbsenkeimlinge und andere Sprossen und Keimlinge.

Geliermittel

Agar-Agar (pulverisierte Meeresalge), Gelatine (tierisches Produkt), pflanzliche Bindemittel aus Johannisbrotkernmehl (Reformhaus).

Sonstiges

Frische Kokosmilch, Gewürze (Meerrettich, Pfeffer, Senf), Heidelbeeren, Kräuter, Kräutertees, Kresse, Malzkaffee, Naturmolke, Zitrusschalen.

Der große Trennplan

Eiweißgruppe

Nur mit Nahrungsmitteln aus der neutralen Gruppe kombinieren.

Gegarte Fleischsorten

Bratenfleisch, Filet, gegartes Geflügel (z. B. Hähnchenbrustfilet, Putenschnitzel, Putenbrust, Ente, Gans), Gulasch, Hackfleisch, Lammbraten, Lammkotelett, mageres Suppenfleisch, Sauerbraten, Steaks, Tafelspitz, Rouladen.

Gegarte Fischsorten

Aal, Forelle, Heilbutt, Kabeljau, Karpfen, Lachs, Makrele, Rotbarsch, Sardinen, Schellfisch, Scholle, Seezunge, Seelachs, Sprotten, Steinbutt, Tintenfisch (Sepia), Tunfisch, Viktoriabarschfilet, Zander.

Obstsorten

Aprikosen, Birnen, Brombeeren, Erdbeeren, frische saftige Äpfel, Himbeeren, Holunderbeeren, Johannisbeeren, Kirschen, Mirabellen, Nektarinen, Pfirsiche, Pflaumen, Quitten, Reineclauden, Rhabarber, Sauerkirschen, Stachelbeeren, Weintrauben.

Zitrusfrüchte

Clementinen, Grapefruit, Limetten, Mandarine, Orangen, Zitronen.

Exotische Früchte

Ananas, Granatapfel, Guave, Kaki, Kumquats, Kiwi, Litschi, Mango, Papaya, Passionsfrüchte.

Eier, Milch und Käse

Vollei, Eiklar, alle Trinkmilchsorten, Käse bis 45 % Fett i.Tr., z. B. Edamer, Gouda, Tilsiter; Käse bis 60 % Fett i. Tr.; z. B. Allgäuer Bergkäse, Bel Paese, Cheddar, Chester, Esrom, Gorgonzola, Pecorino, Steppenkäse, Trappistenkäse.

Sojaprodukte

Tofu, Sojafleisch.

Getränke

Apfelwein, Obstsäfte, herber Weiß-, Rot- und Roséwein, trockener Sekt.

Sonstiges

Gekochte Tomaten, Aceto balsamico, Himbeeressig.

Kohlenhydratgruppe

Nur mit Nahrungsmitteln aus der neutralen Gruppe kombinieren.

Getreide

Amaranth, Buchweizen, Bulgur, Gerste, Grünkern, Dinkel, Hafer, Hirse, Quinoa, Roggen, Weizen.

Getreideprodukte

Getreideflocken, Vollkornbrot und -brötchen, Kuchen und Gebäck aus Vollkornmehl, Vollkornnudeln (ersatzweise Pasta aus Hartweizengrieß ohne Ei), Naturreis (z. B. Rundkorn-Naturreis, Basmati-Naturreis, parboiled Vollkornreis).

Süßungsmittel

Agavendicksaft, Ahornsirup, Apfeldicksaft, Birnendicksaft, Frutilose, Honig.

Sonstiges

Kartoffelstärke, Eier.

Mein Tipp

Diese Nahrungsmittel sollten Sie in der Trennkost meiden:

- Weißes Mehl und daraus hergestellte Produkte, z. B. süße und pikante Backwaren sowie Nudeln und polierten Reis.
- Zucker, Süßstoffe und daraus hergestellte Produkte, z. B. Süßwaren, Marmeladen und Gelees.
- Fertiggerichte und Konserven.
- Schweinefleisch, Wurst und Schinken vom Schwein, rohes Fleisch.
- Gehärtete Fette, z. B. handelsübliche Margarine, feste weiße Frittier- und Bratfette (Plattenfette).
- Bohnenkaffee, schwarzer Tee und Kakao in großen Mengen.
- Hochprozentige Spirituosen.

Einsteigerwoche für Berufstätige

Wer im Berufsleben steht und dazu noch Familie, Freunde und Freizeit in Einklang bringen möchte, muss sich seine Leistungskraft bewahren. Und das gelingt ganz leicht mit der abwechslungsreichen Trennkost und zwei bewährten Tricks.

Mit dem Motto »gut geplant ist halb gekocht« erleichtern Sie sich zum einen Ihren Alltag, und mit der Beachtung der Trennregeln schaffen Sie zum anderen die Basis für Ihr Wohlbefinden.

Berufstätigkeit verlangt eine individuelle Planung. Wer gut organisiert, hat einen Basisvorrat, stellt mit der Familie einen Wochenplan auf und stimmt den Einkauf darauf ab. Überlegen Sie im Voraus, was wann und wie vorbereitet werden kann. Essen Sie alles, was Ihnen schmeckt und so viel wie Sie möchten. Achten Sie darauf, dass Eiweißgerichte ■ nicht mit Kohlenhydratmahlzeiten ■, sondern nur mit dem großen Angebot an neutralen Beilagen ■ kombiniert werden und das Verhältnis im Sinne des Säuren-Basen-Gleichgewichts eingehalten wird. Das bedeutet: Essen Sie 1 Teil Eiweiß und dazu 3–4 Teile Gemüse oder Salate oder 1 Teil Kohlenhydrate und dazu 3–4 Teile Gemüse oder Salate.

Der Wochenplan für berufstätige Einsteiger

Der folgende Wochenplan ist als Anregung gedacht. Selbstverständlich können Sie alle Mahlzeiten untereinander austauschen oder Mahlzeiten in doppelter Menge zubereiten, nach dem Motto 1 x kochen 2 x essen. Wählen Sie selbst, was Sie gerne essen möchten und welcher Vorschlag am besten mit der Zeit, die Sie haben, harmoniert.

Wochenplan

	1. Tag	2. Tag	3. Tag	4. Tag	5. Tag	6. Tag	7. Tag
Frühstück	Obst-frühstück	Mandarinen-Himbeer-Quark	Mandel-Hafer-flocken-Müsli	Salami-brötchen mit Sprossen	Rührei mit Schinken	Camembert-Schnitt-lauch-Brot	Knäckebrot mit Äpfeln und Hütten-käse
Erste Zwischen-mahlzeit	Mango-joghurt	Bananen-brot	Ananas-Snack	Erdbeer-shake	Knäckebrot mit Bündner Fleisch	Pfirsich-quark mit Pinien-kernen	Molke-Oran-gen-Drink
Mittag-essen	Batavia-salat mit Krabben-cocktail	Blumenkohl mit Eier-salat	Kartoffel-Gurken-Salat mit Schiller-locken	Nudelsalat mit frischer Tomaten-sauce	Matjes-Apfel-Brötchen	Bohnen-Champig-non-Gemü-se mit Hackfleisch	Lamm-koteletts mit Bohnen-gemüse
Zweite Zwischen-mahlzeit	Möhren-snack	Zwieback mit Frisch-käse und Honig	Heidelbeer-kefir	Tomaten-Oliven-Spieße	Bananen-Haselnuss-Müsli	Vanille-pudding mit Heidel-beeren	Erdbeer-Mascarpone
Abend-essen	Blumen-kohlsalat mit Käse-toast	Bratkartof-feln mit Paprika-Schafkäse-Salat	Ananas-krautsalat mit Geflügel-sülze	Frischkäse-brot mit Rettichsalat	Gemüsereis aus dem Wok	Brokkoli-Käsesuppe mit Knob-lauch-baguette	Schinken-brote mit Kohlrabi-gemüse

Trennen im Job

Die Rezepte in diesem Buch bieten nicht nur Abwechslung und reichlich Aktivstoffe, sondern sind so konzipiert, dass sie abends oder morgens vorbereitet und clever verpackt mit in den Job genommen werden können.

Was sicher den Arbeitsplatz erreicht, lässt sich im Handumdrehen appetitlich anrichten. Mitgebrachtes aus der Verpackung auf den Teller geben, fertig! Mit Salatblättern, Gurkenscheiben, Paprikastreifen, Möhrenstiften, kleinen Kräuterzweigen oder -blättchen, transportiert in kleinen Kunststoffdosen, lässt sich die Büromahlzeit zudem optisch aufpeppen. Wer selbst im Büro nicht auf optimalen Genuss verzichten möchte, beschafft sich eine Mini-Ausstattung, z. B. Salz- und Pfefferstreuer mit einer Gewürzmischung, eine kleine Keksdose für Müsliriegel und Co. oder ein Kräutertopf für die Fensterbank bzw. eine hübsche Schale für das frische Obst.

Einkaufsliste

1. Tag

Obst für die ganze Woche, Kräuter, 1,1 kg Naturjoghurt, 175 g Dickmilch, 200 g saure Sahne, Crème fraîche, Sahne, 600 g Kefir, 450 g Quark, 80 g Feldsalat, 1 kleiner Bataviasalat, 12 Tomaten, 1 Minigurke, 300 g Krabben, 6 Möhren, 2 Vollkornbrötchen, Frischkäse, 600 g Blumenkohl, 9 kleine Zwiebeln, 4 rote, 2 gelbe und 2 grüne Paprikaschoten, 100 g Champignons, 4 Scheiben Vollkorntoast, 80 g Emmentaler, 4 Vollkornzwiebäcke, 8 Eier, 800 g kleine fest kochende Kartoffeln, 100 g Schafkäse, 12 schwarze Oliven mit Stein, 1 Salatgurke

3. Tag

2 geräucherte Schillerlocken, 2 Fleischtomaten, 240 g Rindersalami, 4 EL Mungobohnensprossen, 150 ml Milch, 400 g Tomaten, 1 Rettich, Vollkornbrot, 50 g roher Rinderschinken, 1 Bund Radieschen, 50 g Bündner Fleisch, 8 Scheiben Vollkornknäckebrot, 2 Matjesfilets, 2 Stauden Chicorée, 1 kleiner Zucchino, 250 g Champignons, 2 Frühlingszwiebeln, Safranpulver, 10 schwarze Oliven ohne Stein, 500 g grüne Bohnen, 2 Zweige Bohnenkraut, 80 g Camembert

4. Tag

2 Vollkornbrötchen, Vollkornbrot

5. Tag

2 Vollkornbrötchen

6. Tag

300 g Rinderhackfleisch, 6 Lammkoteletts (je etwa 75 g), 100 g Ziegenfrischkäse, Vollkornbaguette, 600 g Brokkoli, 1 Zitrone, 200 g Hüttenkäse, 200 ml Molke, 500 g grüne Bohnen, 300 g Tomaten, 150 g Mascarpone, 3 Kohlrabi, Vollkornbrot, 4 Scheiben Gruyère, 6 Scheiben roher Rinderschinken

Frühstück

Obstfrühstück

Zubereitungszeit: 10 Min.

Obst der Saison in beliebiger Menge, z. B. Äpfel, Birnen, Pfirsiche, Erdbeeren, Ananas, Orangen, Mandarinen, Kiwi oder andere Sorten

1 Das Obst waschen, putzen, eventuell schälen und nach Belieben in mundgerechte Stücke schneiden oder als Obstsalat zubereiten – am besten gleich die doppelte Portion zum Mitnehmen für zwischendurch.

➤ *Diese Obstsorten zählen zur Gruppe der Eiweiße und sollten nicht gleichzeitig mit Bananen, Datteln oder Feigen verzehrt werden. Denn diese gehören zur Gruppe der überwiegend kohlenhydratreichen Lebensmittel.*

Zwischenmahlzeit

Mangojoghurt

Zubereitungszeit: 5 Min.
Für 2 Personen (pro Portion ca. 295 kcal)

2 kleine Mangos, 250 g Joghurt, 2 EL Agavendicksaft, 2 EL Pinienkerne

1 Mangos schälen, klein schneiden und auf zwei Tellern anrichten.

2 Joghurt mit Agavendicksaft verrühren, über die Mangostücke geben und mit den Pinienkernen bestreuen.

➤ *Den Fruchtjoghurt in einer fest verschließbaren Plastikdose an den Arbeitsplatz mitnehmen.*

Mittagessen

Bataviasalat mit Krabbencocktail

Zubereitungszeit: 15 Min.
Für 2 Personen (pro Portion ca. 335 kcal)

1 kleiner Batavia, 30 g Feldsalat, 4 Tomaten, 1 Minigurke, Pfeffer, Salz, 4 kleine Mandarinen, 300 g Krabben, 1/2 Bund Dill, 175 g Dickmilch, 60 g saure Sahne, 2 EL Ketchup, Kräutersalz

1 Batavia und Feldsalat putzen, waschen, mundgerecht zerzupfen und abtropfen lassen. Tomaten waschen, von den Stielansätzen befreien und in kleine Würfel schneiden. Gurke schälen und in dünne Scheiben hobeln. Alles mischen, auf einer Salatplatte anrichten und mit Pfeffer und Salz würzen.

2 Mandarinen schälen, in kleine Stücke schneiden und mit den Krabben mischen. Dill waschen, trockenschütteln und fein hacken. Für das Dressing Dickmilch mit saurer Sahne, Ketchup und Kräutersalz verrühren. Mit Krabben und Mandarinen mischen und auf dem Salat verteilen. Mit Dill bestreuen.

➤ *2 Salatblätter für den Möhrensnack am Nachmittag beiseite legen.*

➤ *Salatzutaten in einen verschließbaren Kunststoffbehälter und das Mandarinen-Krabben-Dressing in ein kleines Schraubglas geben. Den Salat kurz vor dem Essen anrichten.*

Zwischenmahlzeit

Möhrensnack

Zubereitungszeit: 10 Min.
Für 2 Personen (pro Portion ca. 210 kcal)

1 große Möhre, 2 Vollkornbrötchen, 2 EL Frischkäse, 2 Salatblätter, 2 EL gehackte Haselnüsse

1 Möhre putzen, schälen und in dünne Scheiben hobeln. Brötchen quer halbieren, die Hälften mit Frischkäse bestreichen, mit Salat und Möhrenscheiben belegen und mit Nüssen bestreuen.

➤ *In Klarsichtfolie verpackt bleibt der Snack saftig und frisch.*

Abendessen

Blumenkohlsalat mit Käsetoast

Zubereitungszeit: 30 Min.
Für 2 Personen (pro Portion ca. 545 kcal)

1,6 kg Blumenkohl, Meersalz, 2 Zwiebeln, 2 EL Obstessig, 1 1/2 EL Sonnenblumenöl, Kräutersalz, Pfeffer, 2 TL edelsüßes Paprikapulver, 1 rote Paprikaschote, 100 g Champignons, 1 EL Butter, 1/4 TL getrockneter Oregano, 4 Scheiben Vollkorntoast, 80 g Emmentaler

1 Blumenkohl putzen, waschen und in kleine Röschen teilen. In kochendem Salzwasser in 15 Min. bissfest garen. Herausnehmen und leicht abkühlen lassen. 80 ml Kochwasser beiseite stellen.

2 Zwiebeln schälen, 1 Zwiebel fein würfeln und die zweite halbieren, in Streifen schneiden und beiseite legen. Für das Dressing Essig mit Öl, Blumenkohlkochwasser, Zwiebelwürfel, Kräutersalz und Pfeffer verrühren. Mit Blumenkohl mischen und Paprikapulver darüber streuen.

3 Für den Käsetoast die Paprikaschote halbieren, putzen, waschen und klein würfeln. Champignons putzen, eventuell abreiben und in Scheiben schneiden.

4 Butter in einer beschichteten Pfanne erhitzen. Zwiebelstreifen darin bei schwacher Hitze glasig werden lassen. Paprikawürfel und Champignons darin unter Rühren 5 Min. braten, bis alle Flüssigkeit verdampft ist. Mit Oregano und Kräutersalz würzen.

5 Vollkorntoast toasten. Den Käse in feine Streifen schneiden. Gemüse und Käse auf den Toasts verteilen und unter dem Grill 8–10 Min. überbacken. Mit der Hälfte des Blumenkohlsalates anrichten.

➤ *Restlichen Salat in einer verschließbaren Plastikbox für den nächsten Tag kalt stellen.*

Frühstück

Mandarinen-Himbeer-Quark

Zubereitungszeit: 10 Min.
Für 2 Personen (pro Portion ca. 230 kcal)

4 Mandarinen, 250 g Quark (20 % Fett i. Tr.), 150 g Himbeeren (frisch oder tiefgekühlt), 2 EL Ahornsirup, 2 EL Mandelblättchen

1 Den Saft von 2 Mandarinen auspressen und mit Quark verrühren. Die übrigen Mandarinen schälen und grob zerkleinern. Frische Himbeeren verlesen, tiefgekühlte auftauen lassen.

2 Himbeeren, Mandarinen und Ahornsirup unter den Quark mischen. Mit Mandelblättchen bestreuen und servieren.

Zwischenmahlzeit

Bananenbrot

Zubereitungszeit: 5 Min.
Für 2 Personen (pro Portion ca. 250 kcal)

2 kleine Bananen, 2 Scheiben Vollkornbrot, 100 g Quark (20 % Fett i. Tr.), 2 EL Mandelblättchen

1 Die Bananen schälen und in dicke Scheiben schneiden. Das Brot mit Quark bestreichen, mit den Bananenscheiben belegen und mit Mandelblättchen bestreuen.

➤ *Für den kleinen Hunger zwischendurch ist das Bananenbrot bestens geeignet. Das Brot möglichst erst am Arbeitsplatz zubereiten, da die Banane sonst braun wird.*

Mittagessen

Blumenkohl mit Eiersalat

Zubereitungszeit: 15 Min.
Für 2 Personen (pro Portion ca. 465 kcal)

4 Eier, je 1/2 Bund Petersilie und Schnittlauch, 4 EL saure Sahne, 1 EL Mayonnaise, 200 g Joghurt, 2 TL Senf, Pfeffer, Kräutersalz, 2 Portionen Blumenkohlsalat (vom Vorabend)

1 Eier in 10–12 Min. hart kochen, kalt abschrecken und pellen. Kräuter waschen und trockenschütteln. Petersilie sehr fein hacken und Schnittlauch in Röllchen schneiden. 1 EL Petersilie beiseite legen.

2 Für das Dressing saure Sahne mit Mayonnaise, Joghurt, Senf, Pfeffer, Salz, Petersilie und Schnittlauch verrühren.

3 Eier in kleine Würfel schneiden und unter das Dressing mischen. Mit Blumenkohlsalat und mit Petersilie bestreut servieren.

➤ *Den Eiersalat am Abend zubereiten und getrennt vom Blumenkohlsalat in einer Plastikbox kalt stellen. Beides erst kurz vor dem Essen anrichten und mit Petersilie betreuen.*

Zwischenmahlzeit

Zwieback mit Frischkäse und Honig

Zubereitungszeit: 5 Min.
Für 2 Personen (pro Portion ca. 190 kcal)

4 Vollkornzwiebacke, 4 EL Doppelrahmfrischkäse, 2 TL Sesamsamen, 2 EL flüssiger Honig

1 Zwieback mit Frischkäse bestreichen, mit Sesam bestreuen und den Honig darauf verteilen.

Abendessen

Bratkartoffeln mit Paprika-Schafkäse-Salat

Zubereitungszeit: 35 Min.
Für 2 Personen (pro Portion ca. 580 kcal)

800 g kleine fest kochende Kartoffeln, 2 kleine Zwiebeln, 3 EL Olivenöl, Meersalz, 1–2 TL edelsüßes Paprikapulver, 1 grüne Paprikaschote, 4 Tomaten, 1 EL Obstessig, Pfeffer, 100 g Schafkäse, 12 schwarze Oliven (mit Stein)

1 Kartoffeln waschen und mit Schale in 25 Min. garen, dann abgießen, abkühlen lassen und pellen. Die Hälfte in dünne Scheiben schneiden und den Rest für den Kartoffelsalat am nächsten Tag beiseite stellen.

2 Zwiebeln schälen und fein würfeln. 2 EL Öl in einer Pfanne erhitzen. Die Hälfte der Zwiebelwürfel darin bei schwacher Hitze glasig werden lassen. Kartoffelscheiben zugeben und unter Wenden bei starker Hitze in 5–8 Min. knusprig braun braten. Leicht salzen und mit Paprikapulver bestäuben.

3 Für den Salat Paprikaschote halbieren, putzen, waschen und in kleine Stücke schneiden. Tomaten waschen, von den Stielansätzen befreien und grob würfeln.

4 Für das Dressing Essig mit 2 EL Wasser, Pfeffer und Salz verrühren. Das übrige Öl unterschlagen und die restlichen Zwiebelwürfel unterrühren. Mit Paprikaschote und Tomaten mischen. Schafkäse in kleine Würfel schneiden und mit Oliven auf dem Salat verteilen. Mit Bratkartoffeln servieren.

Mein Tipp

Aus 1 mach 2

Viel Zeit sparen Sie, wenn Sie zum Beispiel gleich die doppelte oder sogar dreifache Menge Kartoffeln garen. Gepellt halten sie sich in einem gut verschließbaren Kunststoffbehälter 2–3 Tage frisch. Aus den Kartoffeln lassen sich fix leckere Gerichte zubereiten, z. B. Kartoffelsalat (Seite 22 und 72) oder Kartoffelauflauf (Seite 108).

Frühstück

Mandel-Haferflocken-Müsli

Zubereitungszeit: 10 Min.
Für 2 Personen (pro Portion ca. 555 kcal)

4 EL Mandelstifte, 2 EL Honig, 80 g Sahne, 8 EL kernige Haferflocken, 2 EL Rosinen, 300 g Kefir, 2 EL Sonnenblumenkerne

1 Mandelstifte mit Honig und Sahne in einer kleinen beschichteten Pfanne kurz aufkochen lassen, dann in eine kleine Schüssel geben.

2 Mit Haferflocken, Rosinen und Kefir verrühren. Anrichten und mit den Sonnenblumenkernen bestreuen.

➤ *Müslifans können sich gleich einen Vorrat an der Lieblings-Müsli-Mischung oder das Spezial-Müsli von Seite 33 vorbereiten und für den Hunger zwischendurch an den Arbeitsplatz mitnehmen.*

Zwischenmahlzeit

Ananas-Snack

Zubereitungszeit: 5 Min.
Für 2 Personen (pro Portion ca. 70 kcal)

1/2 große Ananas

1 Ananas schälen, dabei von den braunen Augen und dem mittleren Strunk befreien und in mundgerechte Stücke schneiden.

➤ *Zum Mitnehmen in eine fest verschließbare Plastikdose geben.*

➤ *Restliche Ananas für die Zubereitung des Abendessens verwenden.*

Mittagessen

Kartoffel-Gurken-Salat mit Schillerlocken

Zubereitungszeit: 15 Min.
Für 2 Personen (pro Portion ca. 410 kcal)

1 Salatgurke, Meersalz, 1 kleine Zwiebel, 400 g Kartoffeln (vom Vortag), 1/8 l Gemüsebrühe, 1 leicht geh. TL Kartoffelstärke, 1 EL Obstessig, Pfeffer, 1 Bund Schnittlauch, 2 geräucherte Schillerlocken

1 Die Gurke schälen, ein Drittel in feine Scheiben hobeln, leicht salzen und kurz ziehen lassen. Den Rest in etwa 1 cm breite Scheiben schneiden und salzen.

2 Die Zwiebel schälen und sehr fein würfeln. Die Kartoffeln in dünne Scheiben schneiden. Die feinen Gurkenscheiben ausdrücken, mit Zwiebelwürfeln und Kartoffeln mischen.

3 Für das Dressing die Brühe in einem Topf zum Kochen bringen. Die Kartoffelstärke in 2 EL kaltem Wasser auflösen, unter die heiße Brühe rühren und kurz aufkochen lassen. Den Essig zugeben und mit Pfeffer würzen.

4 Lauwarm mit dem Kartoffel-Gurken-Salat mischen. Schnittlauch waschen, trockenschütteln, in Röllchen schneiden und über den Salat streuen.

5 Den Salat anrichten. Mit Schillerlocken und der übrigen Gurke servieren.

➤ *Den Kartoffelsalat mit Schnittlauch in eine fest verschließbare Plastikdose geben. Die Schillerlocken und Gurkenscheiben in Klarsichtfolie verpackt mitnehmen.*

➤ *Der Salat schmeckt auch mit geräuchertem Forellenfilet.*

Zwischenmahlzeit

Heidelbeerkefir

Zubereitungszeit: 10 Min.
Für 2 Personen (pro Portion ca. 135 cal)

150 g Heidelbeeren (frisch oder tiefgekühlt), 300 g Kefir, 1 EL flüssiger Honig, 4 Minzeblättchen

1 TK-Beeren auftauen lassen. Frische Heidelbeeren waschen, verlesen, abtropfen lassen und mit einer Gabel zerdrücken.

2 Das Heidelbeermus mit Kefir und Honig verrühren, mit Minzeblättchen garnieren und gut gekühlt servieren.

➤ *In einem Schraubglas mitnehmen und kurz vor dem Trinken noch einmal schütteln.*

Abendessen

Ananaskrautsalat mit Geflügelsülze

Zubereitungszeit: 15 Min.
Für 2 Personen (pro Portion ca. 300 kcal)

1/2 Ananas (vom Vormittag), 1 säuerlicher Apfel, 2 EL Rosinen, 600 g Sauerkraut, 50 ml naturreiner Apfelsaft, Pfeffer, Salz, 1 EL Sonnenblumenöl, 2 Scheiben Geflügelsülze (je etwa 100 g)

1 Ananas schälen, von den braunen Augen und dem mittleren Strunk befreien und in kleine Würfel schneiden. Apfel waschen, vierteln, entkernen und klein würfeln. Rosinen heiß waschen und abtropfen lassen. Sauerkraut auflockern, Ananas, Apfel und Rosinen untermischen.

2 Für das Dressing Apfelsaft mit Pfeffer und Salz verrühren. Das Öl unterschlagen und den Salat damit anmachen. Geflügelsülze in kleine Würfel schneiden und mit dem Salat anrichten.

Frühstück

Salamibrötchen mit Sprossen

Zubereitungszeit: 10 Min.
Für 2 Personen (pro Portion ca. 295 kcal)

1 Fleischtomate, Pfeffer, Salz, 2 Vollkornbrötchen, 2 EL Frischkäse, 60 g Rindersalami, 4 EL Mungobohnensprossen

1 Die Tomate waschen, von den Stielansätzen befreien und in dünne Scheiben schneiden. Mit Pfeffer und Salz würzen.

2 Die Brötchen quer halbieren und die Hälften dünn mit Frischkäse bestreichen. Mit Tomaten- und Salamischeiben belegen.

3 Die Sprossen verlesen, waschen, abtropfen lassen und auf den Brötchenhälften verteilen.

Zwischenmahlzeit

Erdbeershake

Zubereitungszeit: 5 Min.
Für 2 Drinks (pro Drink ca. 135 kcal)

100 g Erdbeeren (frisch oder tiefgekühlt), 150 g Joghurt, 150 ml Milch, 1 EL Ahornsirup

1 TK-Beeren auftauen lassen. Frische Erdbeeren waschen, putzen und zerkleinern.

2 Mit Joghurt, Milch und Ahornsirup mit dem Pürierstab schaumig pürieren. In 2 Gläsern gut gekühlt servieren.

➤ *Den Shake in einem Schraubglas mitnehmen und kurz vor dem Trinken noch einmal kräftig schütteln.*

Mittagessen

Nudelsalat mit frischer Tomatensauce

Zubereitungszeit: 25 Min.
Für 2 Personen (pro Portion ca. 650 kcal)

400 g reife Tomaten, 1/2 Bund Basilikum, 1 Msp. Cayennepfeffer, 3 EL Crème fraîche, 1 TL getrockneter Thymian, Pfeffer, Salz, 1 rote Paprikaschote, 100 g Rindersalami, 180 g Nudeln (z. B. Spiralen)

1 Stielansätze der Tomaten entfernen. Tomaten kurz überbrühen, häuten und entkernen. Basilikum waschen, trockenschütteln und die Blättchen von den Stielen zupfen. Einige Blättchen beiseite legen.

2 Für die Sauce Tomaten mit Basilikum, Cayennepfeffer, Crème fraîche, Thymian, Pfeffer und Salz mit dem Pürierstab fein pürieren. Paprikaschote halbieren, putzen, waschen und klein würfeln. Salami in kleine Stücke schneiden.

3 Nudeln in reichlich leicht gesalzenem Wasser in 10–12 Min. bissfest garen, abgießen und abkühlen lassen.

4 Die Tomatensauce mit Paprika- und Salamiwürfeln untermischen. Mit dem übrigen Basilikum garnieren.

➤ *Zum Mitnehmen den Nudelsalat am Vorabend zubereiten und in einer verschließbaren Kunststoffbox in den Kühlschrank stellen.*

Zwischenmahlzeit

Tomaten-Oliven-Spieße

Zubereitungszeit: 10 Min.
Für 10 Spieße (pro Spieß ca. 55 kcal)

125 g Mozzarella, 10 große Basilikumblätter, 10 Kirschtomaten, 10 schwarze Oliven (ohne Stein), 2 EL Aceto balsamico, Pfeffer, Meersalz, 2 EL Olivenöl, 10 kleine Holzspieße

1 Den Mozzarella abtropfen lassen und in mundgerechte Würfel schneiden. Die Mozzarellawürfel jeweils in ein Basilikumblatt wickeln. Die Tomaten waschen.

2 Je 1 Tomate, 1 Mozzarellawürfel und 1 Olive auf ein Holzspießchen stecken. Essig mit Pfeffer, Salz und Öl verrühren.

3 Die Spieße anrichten und mit dem Dressing beträufeln.

➤ *Zum Mitnehmen die Spieße in einen gut verschließbaren Kunststoffbehälter und das Dressing getrennt in ein kleines Schraubglas geben. Die Spieße erst kurz vor dem Essen anrichten, mit dem Dressing beträufeln und würzen.*

Abendessen

Frischkäsebrot mit Rettichsalat

Zubereitungszeit: 15 Min.
Für 2 Personen (pro Portion ca. 785 kcal)

1 großer fester Rettich (etwa 600 g), Meersalz, 2 EL Mayonnaise, 150 g Naturjoghurt, 1/2 Bund Petersilie, 4 Scheiben Vollkornbrot, 4 EL Frischkäse, 2 EL Sonnenblumenkerne, 80 g Rindersalami

1 Rettich schälen, 8 dünne Scheiben abschneiden, den Rest fein raspeln. Die Rettichraspel salzen und 5 Min. ziehen lassen.

2 Mayonnaise mit Joghurt verrühren und unter die Rettichraspel mischen. Petersilie waschen, trockenschütteln, fein hacken und den Salat damit bestreuen.

3 Die Brote toasten, dünn mit Frischkäse bestreichen und mit Sonnenblumenkernen bestreuen. 2 Scheiben mit Rettich- und Salamischeiben belegen. Die restlichen Brotscheiben jeweils obenauf setzen. Mit Rettichsalat servieren.

Einsteigerwoche für Berufstätige

Frühstück

Rühreier mit Schinken

Zubereitungszeit: 10 Min.
Für 2 Personen (pro Person ca. 370 kcal)

1 kleine Zwiebel, 50 g roher Rinderschinken, 4 Eier, 1 Schuss Mineralwasser, 1 EL Sahne, Pfeffer, Salz, 2 gelbe Paprikaschoten, 1 EL Sonnenblumenöl, 2 EL Schnittlauchröllchen

1 Zwiebel schälen und fein würfeln. Schinken klein würfeln. Eier mit Mineralwasser, Sahne, Pfeffer und Salz verquirlen. Paprikaschoten halbieren, putzen, waschen und vierteln.

2 Öl erhitzen. Zwiebel und Schinken darin anbraten. Eier darüber gießen und stocken lassen. Eiermasse zusammenschieben und zu einem Rührei fertig backen. Mit Paprikavierteln anrichten und mit Schnittlauch bestreuen.

Zwischenmahlzeit

Knäckebrot mit Bündner Fleisch

Zubereitungszeit: 10 Min.
Für 2 Personen (pro Portion ca. 205 kcal)

1 Bund Radieschen, 1/2 Bund Schnittlauch, 50 g Bündner Fleisch, 4 Scheiben Vollkornknäckebrot, 2 EL Butter, Pfeffer, Salz

1 Radieschen putzen, waschen und 4 Stück in dünne Scheiben schneiden. Schnittlauch waschen, trockenschütteln und in Röllchen schneiden.

2 Bündner Fleisch würfeln. Die Knäckebrotscheiben dünn mit Butter bestreichen. Mit Bündner Fleisch und Radieschenscheiben belegen, mit Pfeffer und Salz würzen und mit Schnittlauch bestreuen. Die übrigen Radieschen dazuessen.

Mittagessen

Matjes-Apfel-Brötchen

Zubereitungszeit: 15 Min.
Für 2 Personen (pro Portion ca. 480 kcal)

2 Vollkornbrötchen, 4 EL saure Sahne, 2 mürbe Äpfel, 2 gesäuberte Matjes, 1 kleine Zwiebel, 3 kleine Kopfsalatherzen, Obstessig, 1 EL Walnussöl, Meersalz

1 Brötchen so einschneiden, dass eine lange Tasche entsteht, die Hälften mit saurer Sahne bestreichen.

2 Äpfel waschen, vierteln, entkernen. Von jedem Apfel ein Viertel in dünne Scheiben schneiden, mit einigen Tropfen Essig beträufeln und in den Taschen verteilen. Je 1 Matjes darauf legen.

3 Zwiebel schälen und in dünne Ringe schneiden. Matjes mit Zwiebelringen belegen und die Brötchen leicht zusammendrücken.

4 Salatherzen putzen, längs vierteln, waschen und abtropfen lassen. Mit 1 EL Essig und Öl beträufeln, leicht salzen. Brötchen mit den restlichen Apfelvierteln und den Salatherzen servieren.

➤ *Die Brötchen lassen sich gut vorbereiten. In Klarsichtfolie verpackt bleiben sie saftig und frisch. Die Äpfel eventuell erst kurz vor dem Essen in Stücke schneiden, da sie sonst braun werden. Da das Brötchen eine Kohlenhydratmahlzeit ist, statt Zitronensaft milden Apfelessig verwenden.*

Zwischenmahlzeit

Bananen-Haselnuss-Müsli

Zubereitungszeit: 10 Min.
Für 2 Personen (pro Portion ca. 360 kcal)

2 kleine Bananen, 2 EL Rosinen, 6 EL kernige Haferflocken, 1 EL Honig, 250 g Joghurt, 2 TL Zimtpulver, 2 EL gehackte Haselnusskerne

1 Bananen schälen, in dünne Scheiben schneiden und mit den Rosinen und den Haferflocken mischen. Honig mit Joghurt und Zimtpulver verrühren und darüber geben. Mit Nüssen bestreuen.

Abendessen

Gemüsereis aus dem Wok

Zubereitungszeit: 25 Min.
Für 2 Personen (pro Portion ca. 430 kcal)

125 g parboiled Vollkornreis, Meersalz, je 1 rote und grüne Paprikaschote, 1 kleiner Zucchino, 100 g kleine Champignons, 2 Frühlingszwiebeln, 2–3 Knoblauchzehen, 1 Zweig Rosmarin, 5 Zweige glatte Petersilie, 3 EL Olivenöl, 1 TL Gemüsebrühe, 1/2 Döschen Safranpulver, 10 schwarze Oliven, Worcestersauce

1 Reis in einen Topf geben, mit leicht gesalzenem Wasser bedecken, aufkochen lassen und bei schwacher Hitze 10 Min. köcheln lassen. Den Herd ausschalten und den Reis weitere 10 Min. quellen lassen, dann abtropfen lassen.

2 Paprikaschoten halbieren, putzen und waschen. Die rote Paprikaschote längs in 8 gleich große Stücke schneiden, die grüne klein würfeln. Zucchino waschen, putzen und in kleine Würfel schneiden. Champignons putzen, waschen und vierteln. Frühlingszwiebeln putzen und waschen. Das Grün in Röllchen, das Weiße in kleine Würfel schneiden. Knoblauchzehen grob säubern, aber nicht schälen. Rosmarin und Petersilie waschen und trockenschütteln. Rosmarinnadeln abzupfen, die Petersilie hacken.

3 Zuerst den Wok, dann das Öl darin erhitzen. Die roten Paprikastreifen darin 3 Min. anbraten, aus dem Wok nehmen und beiseite stellen. Die grünen Paprikawürfel, Zucchino, Champignons, Frühlingszwiebeln und Knoblauch im restlichen Öl unter Rühren 8–10 Min. braten.

4 Reis unterrühren und unter Rühren 5 Min. mitbraten. Mit Brühe, Rosmarin und Safran würzen. Kurz vor dem Ende der Garzeit, die Flüssigkeit sollte fast ganz aufgesogen sein, die roten Paprikastreifen darauf legen. Mit Oliven und Petersilie garnieren. Nach Belieben mit einigen Spritzern Worcestersauce würzen.

➤ *Dieses Gericht schmeckt auch kalt, dann zum Mitnehmen in einen verschließbaren Kunststoffbehälter geben. Wer lieber etwas Warmes isst, füllt den Reis in ein verschließbares Thermogefäß.*

Frühstück

Camembert-Schnittlauch-Brot

Zubereitungszeit: 10 Min.
Für 2 Personen (pro Portion ca. 270 kcal)

80 g Camembert, 2 Scheiben Vollkornbrot, 2 EL Butter, 1/2 Bund Schnittlauch, 4 Möhren

1 Camembert in Scheiben schneiden. Brotscheiben dünn mit Butter bestreichen und mit Käse belegen.

2 Schnittlauch waschen, trockenschütteln, in Röllchen schneiden und über den Käse streuen. Möhren waschen, schälen und zum Brot essen.

Zwischenmahlzeit

Pfirsichquark mit Pinienkernen

Zubereitungszeit: 10 Min.
Für 2 Personen (pro Portion ca. 275 kcal)

2 große Pfirsiche, 200 g Quark (20 % Fett i. Tr.), 4 EL Mineralwasser, 2 TL Zitronensaft, 2 EL Ahornsirup, 2 EL Pinienkerne

1 Pfirsiche waschen, halbieren, entsteinen und klein würfeln.

2 Quark mit Mineralwasser, Zitronensaft und Ahornsirup verrühren. Die Pfirsichwürfel untermischen.

3 Pinienkerne in einer kleinen beschichteten Pfanne ohne Fett goldbraun rösten und über den Pfirsichquark streuen.

Mittagessen

Bohnen-Champignon-Gemüse mit Hackfleisch

Zubereitungszeit: 30 Min.
Für 2 Personen (pro Portion ca. 635 kcal)

1 Zwiebel, 500 g grüne Bohnen, 150 g Champignons, 1 große rote Paprikaschote, 4 reife Tomaten, 2 EL Olivenöl, 100 ml Gemüsebrühe, 1 Zweig Bohnenkraut, Pfeffer, Salz, 300 g Rinderhackfleisch, 2 EL Tomatenmark, 1–2 TL Kräuter der Provence, 4 EL Sahne

1 Die Zwiebel schälen und fein würfeln. Die Bohnen putzen, waschen und in etwa 3 cm große Stücke brechen. Die Champignons putzen, waschen und in Stücke schneiden. Die Paprikaschote halbieren, putzen, waschen und klein würfeln. Stielansätze der Tomaten entfernen. Tomaten kurz überbrühen, häuten, entkernen und grob würfeln.

2 1 EL Öl erhitzen. Die Hälfte der Zwiebel darin bei schwacher Hitze glasig werden lassen. Gemüse zugeben und unter Rühren 5 Min. anbraten. Brühe zufügen und zugedeckt 15 Min. dünsten.

3 Das Gemüse mit dem Bohnenkraut, Pfeffer und Salz kräftig würzen, dabei gelegentlich umrühren.

4 Für die Hackfleischsauce das restliche Öl erhitzen. Übrige Zwiebel darin bei schwacher Hitze glasig werden lassen. Das Fleisch zugeben und bei mittlerer Hitze krümelig anbraten.

5 1/8 l Wasser zugießen. Tomaten, Tomatenmark, Pfeffer, Salz und Kräuter der Provence unterrühren und bei schwacher Hitze 10 Min. köcheln lassen. Die Sahne unterrühren. Mit dem Gemüse anrichten.

➤ *Zum Mitnehmen Gemüse und Hackfleisch mischen und in ein gut verschließbares Thermogefäß geben.*

Zwischenmahlzeit

Vanillepudding mit Heidelbeeren

Zubereitungszeit: 10 Min.
Für 2 Personen (pro Portion ca. 260 kcal)

100 g TK-Heidelbeeren, 1 Päckchen Vanillepuddingpulver (ungefärbt), 1/2 l Reismilch, 2 EL Honig, 1 TL flüssige Vanille, 1 Msp. Safranpulver

1 Die Heidelbeeren auftauen lassen. Das Puddingpulver mit 100 ml Reismilch, Honig, Vanille und Safran glatt verrühren.

2 Restliche Reismilch aufkochen lassen, dann von der Kochstelle nehmen.

3 Das angerührte Puddingpulver einrühren und unter Rühren aufkochen lassen, bis der Pudding beginnt dick zu werden. Mit Heidelbeeren garniert servieren.

Abendessen

Brokkoli-Käsesuppe mit Knoblauchbaguette

Zubereitungszeit: 20 Min.
Für 2 Personen (pro Portion ca. 815kcal)

600 g Brokkoli, 3/4 l Gemüsebrühe, 100 g Ziegenfrischkäse (z. B. Chavroux), Pfeffer, 1–2 Knoblauchzehen, 4 EL Butter, 1 Vollkorn-Baguette

1 Brokkoli waschen, putzen und in Röschen teilen. Stiele schälen, klein schneiden. Mit Brühe aufkochen und 15 Min. köcheln lassen.

2 Käse zugeben und auflösen. Mit Pfeffer würzen. Die Suppe 2–3 Min. mit dem Pürierstab pürieren, bis sie schaumig ist.

3 Knoblauch schälen, durch die Presse zur Butter drücken, mischen. Baguette längs aufschneiden, mit Knoblauchbutter bestreichen, 10 Min. im Grill überbacken. Mit der Suppe servieren.

➤ *Zum Mitnehmen die heiße Suppe in ein gut verschließbares Thermogefäß füllen. Statt Knoblauchbaguette je ein Vollkornbrötchen mit Butter bestreichen und dazuessen.*

Frühstück

Knäckebrot mit Äpfeln und Hüttenkäse

Zubereitungszeit: 10 Min.
Für 2 Personen (pro Portion ca. 340 kcal)

2 mürbe Äpfel, 4 Scheiben Vollkornknäckebrot, 2 EL Butter, 4 TL gehackte Walnusskerne, 200 g Hüttenkäse

1 Äpfel waschen, vierteln und entkernen. Knäckebrote dünn mit Butter bestreichen und mit Nüssen bestreuen. Mit Hüttenkäse servieren.

Zwischenmahlzeit

Molke-Orangen-Drink

Zubereitungszeit: 10 Min.
Für 2 Personen (pro Portion ca. 145 kcal)

2 Orangen, 1 kleine Mango (etwa 350 g), 200 ml eiskalte Molke

1 Den Saft der Orangen auspressen. Die Mango schälen, das Fruchtfleisch vom Stein abschneiden und in grobe Stücke schneiden.

2 Das Fruchtfleisch mit Orangensaft und Molke im Mixer pürieren. Den Drink in zwei Gläser füllen und kalt servieren.

Mittagessen

Lammkoteletts mit Bohnengemüse

Zubereitungszeit: 30 Min.
Für 2 Personen (pro Portion ca. 670 kcal)

500 g grüne Bohnen, Meersalz, 1 Zweig Bohnenkraut, 300 g Tomaten, 1 Zwiebel, 2 EL Olivenöl, Pfeffer, Salz, 2 TL getrockneter Thymian, 6 Lammkoteletts (je etwa 75 g)

1 Bohnen waschen, putzen und in etwa 3 cm lange Stücke schneiden. In wenig leicht gesalzenem Wasser zum Kochen bringen. Mit Bohnenkraut in 15 Min. bissfest garen. Herausnehmen, kalt abschrecken und beiseite stellen.

2 Stielansätze der Tomaten entfernen. Tomaten kurz überbrühen, häuten, entkernen und in grobe Stücke schneiden. Zwiebel schälen und fein hacken.

3 1 EL Öl erhitzen. Zwiebelwürfel darin bei schwacher Hitze glasig werden lassen. Tomatenwürfel zugeben und unter Rühren aufkochen lassen. Bohnen zugeben und etwa 5 Min. köcheln lassen. Mit Pfeffer, Salz und 1 TL Thymian würzen.

4 Lammkoteletts kalt abwaschen und mit Küchenpapier trockentupfen. Mit Pfeffer, Salz und restlichem Thymian von beiden Seiten würzen.

5 Das restliche Öl in einer Pfanne erhitzen und die Koteletts von jeder Seite etwa 4 Min. braten. Mit Bohnengemüse servieren.

Zwischenmahlzeit

Erdbeer-Mascarpone

Zubereitungszeit: 10 Min.
Für 2 Personen (pro Portion ca. 490 kcal)

1 EL Mandelblättchen, 350 g TK-Erdbeeren, 2 EL Agavendicksaft, 150 g Mascarpone

1 Mandeln in einer beschichteten Pfanne ohne Fett goldbraun rösten, dann beiseite stellen.

2 Erdbeeren leicht antauen lassen. Mit Agavendicksaft und Mascarpone im Mixer pürieren. In zwei Dessertgläsern mit Mandelblättchen bestreut servieren.

Abendessen

Schinkenbrote mit Kohlrabigemüse

Zubereitungszeit: 25 Min.
Für 2 Personen (pro Portion ca. 725 kcal)

3 junge Kohlrabi, 1 EL Butter, 50 ml Gemüsebrühe, 1/2 Bund Petersilie, 1 Bund Schnittlauch, 1 EL Crème fraîche, 2 große Scheiben Vollkornbrot, 20 g Frischkäse, 4 dünne Scheiben Käse (z. B. Greyerzer oder Fontina), 6 dünne Scheiben roher Schinken (z. B. Rinder- oder Hirschschinken)

1 Die Kohlrabi schälen, waschen und 10 hauchdünne Scheiben abschneiden, den Rest klein würfeln.

2 Butter in einem Topf schmelzen lassen. Kohlrabiwürfel darin bei mittlerer Hitze unter Rühren 5 Min. braten. Brühe zugießen und zugedeckt 12 Min. köcheln lassen.

3 Petersilie und Schnittlauch waschen und trockenschütteln. Petersilie fein hacken, Schnittlauch in Röllchen schneiden. Crème fraîche unterrühren und eventuell nachsalzen. Petersilie darüber streuen.

4 Die Brote mit Frischkäse bestreichen und mit Schnittlauch bestreuen. Kohlrabischeiben, Käse und Schinken darauf legen. Mit Kohlrabigemüse servieren.

Frühstück: der gute Start

Das Trennkost-Frühstück ist leicht, frisch und fruchtig. Wer mit dem Marmeladenbrötchen den Tag beginnt, macht schneller schlapp als derjenige, der mit den »starken Drei« – Früchte, gesäuerte Milchprodukte oder Vollkorn – startet.

Frisches Obst der Saison rüstet den Körper mit reichlich Vitalstoffen und macht angenehm satt. Mit gesäuerten Milchprodukten werden die leeren Eiweißtanks wieder aufgefüllt. Durch Vollkorn, also Getreide, ist nicht nur die Energieversorgung, sondern auch der Vitamin-B-Nachschub gesichert.

Ob Eiweiß- oder Kohlenhydratmahlzeit, genießen Sie zum Auftakt eines Arbeitstages das, worauf Sie Appetit haben. Durchbrechen Sie gelegentlich Ihre Gewohnheiten und genießen Sie zur Abwechslung eine Riesenportion Obst pur.

Kaffee oder schwarzer Tee gehören in der Trennkost nicht zu den empfehlenswerten Getränken, doch entscheiden Sie selbst. Hervorragend eignen sich jedoch grüner Tee, Früchte- und Kräutertee, die Sie abwechselnd trinken sollten.

im Bild links

Süßes Kuchenbrot

Zubereitungszeit: 15 Min.
Ruhezeit: 40 Min.
Backzeit: ca. 35 Min.
Für 1 Kastenform (30 x 12 cm)
(Bei 20 Stück pro Stück ca. 215 kcal)

60 g frische Hefe, 600 g Dinkelvollkornmehl, 150 g Buttermilch, 100 g weiche Butter, 2 TL Honig, 10 g Salz, 150 g gemahlene Mandeln, 1/2 Fläschchen Bittermandelöl, 200 g Rosinen, etwas Butter für die Form

1 Die Hefe in 1/4 l lauwarmem Wasser auflösen. Ein Drittel des Dinkelmehls zufügen, zu einem Vorteig verrühren und diesen zugedeckt etwa 20 Min. an einem warmen Ort gehen lassen.

2 Buttermilch, restliches Mehl, Butter, Honig, Salz, Mandeln, Bittermandelöl und Rosinen zufügen, alles zu einem Teig verkneten.

3 Die Form gut einfetten, den Teig hineingeben und zugedeckt etwa 20 Min. an einem warmen Ort gehen lassen, bis sich das Volumen verdoppelt hat. Den Backofen auf 225° vorheizen.

4 Das Kuchenbrot im Backofen (Mitte, Umluft 225°) mit Dampf 35 Min. backen. Während der Backzeit ein feuerfestes Gefäß mit heißem Wasser in den Ofen stellen.

➤ *Achten Sie darauf, dass keine Rosinen sichtbar auf dem Teig liegen, da diese sehr schnell verbrennen.*

➤ *Das Brot können Sie bestreichen mit: Butter und Honig, Butter und Hagebuttenmarmelade, Frischkäse, Frischkäse und Honig.*

im Bild rechts

Spezial-Müsli

Zubereitungszeit: 15 Min.
Backzeit: ca. 1 Std.
Für 16 Portionen à 80 g
(pro Portion ca. 355 kcal)

250 g Mandeln, 125 g ungeschälte Sesamsamen, 125 g Sonnenblumenkerne, 50 g Kürbiskerne, 250 g Haferflocken, 1 EL Sonnenblumenöl, 2 TL Zimtpulver, 250 g Honig, 250 g ungeschwefelte Rosinen

1 Die Mandeln grob hacken. Mit Sesamsamen, Sonnenblumen- und Kürbiskernen in einer Pfanne ohne Fett unter Rühren 5 Min. rösten. Haferflocken untermischen.

2 Den Backofen auf 180° vorheizen. Das Öl mit 100 ml warmem Wasser, Zimtpulver und Honig gleichmäßig verrühren. Mit der Haferflockenmischung verkneten und alles auf ein flaches Backblech geben.

3 Die Müslimischung im Backofen (Mitte, Umluft 160°) in 1 Std. hellbraun backen, dabei zwischendurch umrühren. Das Müsli abkühlen lassen, dann Rosinen zugeben. In eine Plätzchendose geben und kühl aufbewahren. Das Müsli ist 4–5 Wochen haltbar.

➤ *Bereiten Sie dieses Müsli mit Joghurt, Buttermilch oder Reismilch zu. Dazu passt ein mürber Apfel oder eine in Scheiben geschnittene Banane.*

➤ *Das Müsli schmeckt auch pur sehr gut oder als Belag auf einer Scheibe Vollkornbutterbrot.*

Mangosalat mit Weintrauben

Zubereitungszeit: 10 Min.
Für 2 Personen (pro Portion ca. 180 kcal)

1 Mango (etwa 350 g), 200 g blaue Trauben, 2 EL Zitronensaft, 1 TL Zimtpulver, 2 TL Ahornsirup, 6 Minzeblättchen

1 Die Mango schälen, das Fruchtfleisch vom Stein schneiden und in mundgerechte Stücke schneiden.

2 Die Trauben waschen, halbieren, entkernen und mit der Mango mischen.

3 Den Zitronensaft mit 80 ml Wasser, Zimtpulver und Ahornsirup verrühren und über das Obst träufeln. Mit der Minze garnieren.

Birnenstücke mit Heidelbeersauce

Zubereitungszeit: 10 Min.
Für 2 Personen (pro Portion ca. 170 kcal)

2 reife Birnen, 1 EL Zitronensaft, 200 g Heidelbeeren (frisch oder tiefgekühlt), 2 TL Zimtpulver, 1 EL Honig, 1 EL Pinienkerne

1 Birnen waschen, vierteln, entkernen und in kleine Würfel schneiden. Die Birnenwürfel auf einem Teller anrichten und mit Zitronensaft beträufeln.

2 Von den Heidelbeeren einige Beeren zum Garnieren beiseite legen. Die restlichen Heidelbeeren mit dem Pürierstab pürieren. Zimtpulver und Honig unterrühren.

3 Die Heidelbeersauce auf die Birnenwürfel geben. Mit den übrigen Beeren und Pinienkernen garniert servieren.

Apfel-Pfirsich-Salat mit Rosinen

Zubereitungszeit: 15 Min.
Für 2 Personen (pro Portion ca. 150 kcal)

2 EL Rosinen, 1 großer säuerlicher Apfel, 1 EL Zitronensaft, 2 Pfirsiche, 1 EL Honig, 2 TL Zimtpulver

1 Die Rosinen mit kochendem Wasser überbrühen und 5 Min. ziehen lassen.

2 Den Apfel waschen, schälen, vierteln, entkernen und in kleine Würfel schneiden. Sofort mit Zitronensaft beträufeln.

3 Die Pfirsiche waschen, halbieren, vom Stein befreien und ebenfalls klein würfeln. Die Rosinen abgießen.

4 Honig mit 80 ml warmem Wasser verrühren, Zimtpulver und die Rosinen zufügen und mit dem Apfel-Pfirsich-Salat mischen. Gut gekühlt servieren.

Beerenteller mit Joghurt und Pistazien

Zubereitungszeit: 15 Min.
Für 2 Personen (pro Portion ca. 230 kcal)

300 g frische Beeren (z. B. Johannisbeeren, Himbeeren, Brombeeren, Erdbeeren), 300 g Naturjoghurt, 1 EL abgeriebene Schale von 1 unbehandelten Zitrone, 2 EL flüssiger Honig, 1 EL gehackte Pistazienkerne

1 Die Beeren verlesen, putzen, eventuell waschen, abtropfen lassen und auf einen Teller geben.

2 Joghurt mit Zitronenschale und Honig verrühren, auf die Beeren geben und mit Pistazien bestreuen.

➤ *Je nach Saison können Sie statt der Beeren auch 2 Pfirsiche in Spalten oder im Winter 2 Orangen filetiert verwenden.*

Pflaumenkompott mit Joghurt und Nüssen

Zubereitungszeit: 10 Min.
Für 2 Personen (pro Portion ca. 300 kcal)

200 g Pflaumen, 2 EL Honig, 300 g Naturjoghurt, 3 EL gehackte Walnusskerne

1 Die Pflaumen waschen, halbieren, entsteinen und in kleine Stücke schneiden. Mit Honig und 80 ml Wasser bei schwacher Hitze 3 Min. dünsten. Abkühlen lassen.

2 Joghurt mit 4 EL Pflaumensaft verrühren. Das Pflaumenkompott in zwei Dessertgläser geben und den Joghurt darüber geben.

3 Die Walnusskerne in einer kleinen beschichteten Pfanne ohne Fett goldbraun rösten und über den Joghurt streuen.

Mandarinenquark mit Ingwer

Zubereitungszeit: 10 Min.
Für 2 Personen (pro Portion ca. 265 kcal)

1 Stück frischer Ingwer (etwa haselnussgroß), 5 Mandarinen, 250 g Quark (20 % Fett i. Tr.), 2 EL Ahornsirup, 10 Haselnusskerne

1 Den Ingwer schälen und sehr fein hacken. Den Saft von 2 Mandarinen auspressen und mit dem Quark verrühren.

2 Die restlichen Mandarinen schälen, die Spalten in kleine Würfel schneiden. Mit Ahornsirup und Ingwer unter den Quark rühren.

3 Die Nüsse grob hacken, in einer Pfanne ohne Fett goldbraun rösten und über den Mandarinenquark streuen.

Zitronenquark mit Sprossen

Zubereitungszeit: 10 Min.
Für 2 Personen (pro Portion ca. 160 kcal)

50 g Sojasprossen, 1 Apfel, 1 TL Zitronensaft, 40 g Edamer, 4 Walnusskernhälften, 80 g Quark (20 % Fett i. Tr.), 1 EL Mineralwasser, Meersalz, 1 TL abgeriebene Schale von 1 unbehandelten Zitrone

1 Die Sprossen waschen, verlesen und abtropfen lassen. Den Apfel waschen, vierteln, entkernen und in kleine Würfel schneiden und sofort mit Zitronensaft beträufeln.

2 Den Käse in kleine Würfel schneiden. Die Nüsse hacken. Sprossen, Apfel, Käse und Nüsse mischen und in eine kleine Schale geben.

3 Quark mit Mineralwasser, Salz und Zitronenschale verrühren und über die Sprossen-Apfel-Mischung geben.

Avocadoquark mit Lachs und Kürbiskernen

Zubereitungszeit: 15 Min.
Für 2 Personen (pro Portion ca. 385 kcal)

1 reife Avocado, 80 g Räucherlachs, 1 kleine Zwiebel, 1/2 Bund Dill, 1 TL Meerrettich (aus dem Glas), 200 g Quark (20 % Fett i. Tr.), 2 EL Kürbiskerne

1 Die Avocado längs halbieren und vom Stein befreien. Das Fruchtfleisch aus der Schale lösen und mit einer Gabel zerdrücken.

2 Den Räucherlachs in kleine Würfel schneiden. Die Zwiebel schälen und sehr fein würfeln. Den Dill waschen, trockenschütteln und sehr fein hacken.

3 Lachs, Zwiebelwürfel, Meerrettich und Dill mit der Avocado mischen und den Quark unterrühren. Mit Kürbiskernen bestreuen.

Sonnenblumen-Heidelbeer-Müsli

Zubereitungszeit: 10 Min.
Für 2 Personen (pro Portion ca. 480 kcal)

5 EL Sonnenblumenkerne, 8 EL Vollkornhaferflocken, 300 g Kefir, 200 g frische Heidelbeeren, 4 TL Honig

1 Die Sonnenblumenkerne ohne Fett in einer beschichteten Pfanne goldbraun rösten.

2 Die Haferflocken unter den Kefir rühren. Die Heidelbeeren waschen, verlesen, abtropfen lassen und mit einer Gabel zerdrücken.

3 Das Heidelbeerpüree mit Honig unter die Haferflocken-Kefir-Mischung rühren. Mit Sonnenblumenkernen bestreuen.

Apfel-Möhren-Müsli mit Rosinen

Zubereitungszeit: 15 Min.
Für 2 Personen (pro Portion ca. 510 kcal)

2 EL Mandeln, 8 EL 4-Kornflocken, 1 Möhre, 1 großer mürber Apfel, 2 EL Agavendicksaft, 300 g Naturjoghurt, 2 EL Rosinen

1 Mandeln grob hacken, in einer beschichteten Pfanne ohne Fett goldbraun rösten und beiseite stellen.

2 Die 4-Kornflocken in eine kleine Schale geben. Möhre putzen, schälen und fein raspeln. Apfel waschen, vierteln, vom Kerngehäuse befreien und grob raspeln.

3 Möhren- und Apfelraspel auf den Flocken anrichten. Agavendicksaft mit Joghurt verrühren und darüber geben. Mit Mandeln und Rosinen bestreuen.

Bananen-Buttermilch-Müsli

Zubereitungszeit: 10 Min.
Für 2 Personen (pro Portion ca. 320 kcal)

**1 große Banane, 200 g Buttermilch,
6 EL Haferflocken, 1 EL Kleie, 1 EL Leinsamen,
2 EL flüssiger Honig, 2 TL Zimtpulver,
3 TL Sonnenblumenkerne**

1 Banane schälen, in kleine Stücke schneiden und mit der Buttermilch mit dem Pürierstab pürieren.

2 Haferflocken, Kleie, Leinsamen, Honig und Zimtpulver unterrühren, in eine kleine Schüssel geben und mit den Sonnenblumenkernen bestreut servieren.

Flockenmüsli mit Rosinen

Zubereitungszeit: 10 Min.
Für 2 Personen (pro Portion ca. 395 kcal)

**4 EL Rosinen, 250 g Naturjoghurt, 4 EL Mineralwasser, 1/2 TL Kardamom, 2 EL Honig,
80 g Dinkelflocken (ersatzweise Getreideflocken), 2 EL gehackte Haselnusskerne**

1 Rosinen heiß waschen und abtropfen lassen. Joghurt mit Mineralwasser verrühren, mit Kardamom und Honig würzen. Dinkelflocken mit Joghurt, Rosinen und Nüssen mischen.

Mein Tipp

Selbstgeflocktes

Wenn Sie Wert auf unverarbeitete Lebensmittel legen, dann lohnt sich die Anschaffung eines Getreideflockers. Bei Selbstgeflocktem aus dem vollen Korn bleiben wichtige Nährstoffe erhalten. Im Naturwarenhandel gibt es ein großes Angebot an Flocken, mit dem Sie Ihre frischen Dinkel- oder Haferflocken schnell selber machen können.

Bulgurgrütze mit Rosinen und Banane

Zubereitungszeit: 20 Min.
Für 2 Personen (pro Portion ca. 360 kcal)

1/8 l Reismilch, 3 EL Sahne, 80 g Bulgur, 3 EL ungeschwefelte Rosinen, 1–2 TL Zimtpulver, 3 TL Honig, 1 große Banane

1 Reismilch mit 1/8 l Wasser und Sahne verrühren und aufkochen lassen. Mit Bulgur und Rosinen zugedeckt bei schwacher Hitze 15 Min. quellen lassen, bis die Flüssigkeit aufgesogen ist.

2 Den Bulgur beiseite stellen und mit einer Gabel auflockern. Zimtpulver und Honig unterrühren.

3 Die Banane schälen, in dünne Scheiben schneiden und auf der Bulgurgrütze verteilen.

Hirsejoghurt mit Heidelbeeren

Zubereitungszeit: 25 Min.
Für 2 Personen (pro Portion ca. 360 kcal)

60 g Hirse, 6 EL Sahne, Meersalz, 200 g Heidelbeeren, 150 g Joghurt, 1 EL Honig

1 Die Hirse in heißem Wasser waschen und abtropfen lassen. 1/4 l Wasser mit Sahne und Salz verrühren. Mit Hirse unter Rühren zum Kochen bringen. Zugedeckt bei schwacher Hitze 20 Min. köcheln, dann abkühlen lassen.

2 Die Beeren waschen, verlesen, abtropfen lassen und einige Beeren beiseite legen. Die restlichen Beeren mit einer Gabel zerdrücken. Joghurt, Heidelbeermus und Honig unter die Hirse rühren. Mit den übrigen Heidelbeeren garnieren.

Dinkelmüsli mit Pflaumen und Bananen

Zubereitungszeit: 10 Min.
Quellzeit: über Nacht
Für 2 Personen (pro Portion ca. 375 kcal)

8 getrocknete Pflaumen, 80 g Dinkelschrot, 250 g Naturjoghurt, 2 kleine Bananen, 2 EL Mandelstifte (nach Belieben)

1 Die Pflaumen in kleine Stücke schneiden, mit Wasser bedecken und über Nacht quellen lassen.

2 Dinkelschrot mit 1/8 l kaltem Wasser anrühren und zugedeckt im Kühlschrank ebenfalls über Nacht quellen lassen.

3 Am nächsten Tag den Joghurt mit Dinkel verrühren. Die Bananen schälen und in Scheiben schneiden. Bananen und Pflaumen mit Einweichwasser unter das Dinkelmüsli rühren und nach Belieben mit Mandelstiften bestreuen.

Porridge

Zubereitungszeit: 10 Min.
Für 2 Personen (pro Portion ca. 215 kcal)

100 g feine Vollkornhaferflocken, 1 Prise Salz, 1 EL kalte Butter

1 Die Haferflocken mit 1/2 l kaltem Wasser aufkochen und bei schwacher Hitze unter Rühren 2 Min. köcheln lassen.

2 Den Porridge mit Salz abschmecken und nochmals gut umrühren. In Suppenteller geben und die Butter in Flöckchen darauf verteilen.

➤ *Den fertigen Porridge je nach Geschmack mit 2 TL Honig und 1 TL Zimtpulver würzen. Oder jeweils 2 EL ungeschwefelte Rosinen und gehackte Haselnusskerne unterheben.*

im Bild links

Sellerie-Lachs-Baguette

Zubereitungszeit: 10 Min.
Für 2 Personen (pro Portion ca. 585 kcal)

1 Baguette, 1 Stange Staudensellerie, 4 EL saure Sahne, 1–2 TL geriebener Meerrettich (aus dem Glas), 4 Scheiben gebeizter Lachs

1 Das Baguette längs aufschneiden und beide Hälften toasten. Den Sellerie waschen, putzen und in dünne Scheiben schneiden.

2 Die saure Sahne mit Meerrettich verrühren und auf die untere Hälfte streichen. Mit Selleriescheiben und Lachs belegen. Die obere Baguettehälfte obenauf setzen und sofort servieren.

im Bild Mitte

Vollkornbrötchen mit Matjestatar

Zubereitungszeit: 10 Min.
Für 2 Personen (pro Portion ca. 405kcal)

1 kleiner mürber Apfel, 2 Cornichons, 2 Matjesheringe, 4 EL saure Sahne, 2 Vollkornbrötchen, 4 Zweige Dill

1 Apfel waschen, vierteln, entkernen und in kleine Würfel schneiden. Cornichons in dünne Scheiben schneiden.

2 Matjesheringe säubern, entgräten und fein würfeln. Mit Apfel, Cornichons und der sauren Sahne verrühren.

3 Brötchen quer durchschneiden. Dill waschen und trockenschütteln. Das Matjestatar gleichmäßig auf den Hälften verteilen und mit kleinen Dillzweigen garnieren.

im Bild rechts

Salamibrot mit Nüssen und Sprossen

Zubereitungszeit: 10 Min.
Für 2 Personen (pro Portion ca. 400 kcal)

6 EL Linsensprossen, 6 Kirschtomaten, 2 Scheiben Vollkornbrot, 2 EL Butter, 2 EL gehackte Walnusskerne, 10 dünne Scheiben Rinder- oder Lammsalami

1 Die Sprossen waschen, verlesen und abtropfen lassen. Die Tomaten waschen und halbieren.

2 Die Brotscheiben mit Butter bestreichen, mit Nüssen und Sprossen bestreuen. Die Salamischeiben und Tomatenhälften darauf legen.

im Bild links

Rohkostbrötchen mit Käse

Zubereitungszeit: 10 Min.
Für 2 Personen (pro Portion ca. 240 kcal)

1/2 Bund Schnittlauch, 1 Bund Radieschen, 60 g reifer Camembert Käse, 3 TL Butter, 2 Vollkornbrötchen

1 Den Schnittlauch waschen, trockenschütteln und in Röllchen schneiden. Die Radieschen putzen und in Scheiben schneiden.

2 Käse und Butter mit einer Gabel zerdrücken und den Schnittlauch untermischen.

3 Die Brötchen quer aufschneiden, gleichmäßig mit dem Käse bestreichen und mit den Radieschenscheiben belegen.

im Bild rechts

Käseknäckebrot mit Tomate

Zubereitungszeit: 10 Min.
Für 2 Personen (pro Portion ca. 245 kcal)

4 Salatblätter, 1/2 Bund Schnittlauch, 1 Tomate, 4 Scheiben Vollkornknäckebrot, 2 EL saure Sahne, Pfeffer aus der Mühle, Meersalz, 80 g Emmentaler

1 Salatblätter waschen, trockenschleudern und in Streifen schneiden. Schnittlauch waschen, trockenschütteln und in Röllchen schneiden.

2 Tomate waschen, vom Stielansatz befreien und in dünne Scheiben schneiden.

3 Die Knäckebrotscheiben mit saurer Sahne bestreichen und mit Pfeffer und Salz leicht würzen. Mit Salatstreifen, Tomatenscheiben und dem Käse belegen. Schnittlauchröllchen darüber streuen.

im Bild Mitte

Kerbel-Frischkäse-Creme

Zubereitungszeit: 10 Min.
Für 10 Portionen (pro Portion ca. 150 kcal)

400 g Doppelrahmfrischkäse, 8 EL Naturjoghurt, 1 Bund Kerbel, 4 EL gehackte Walnusskerne, Salz

1 Frischkäse mit Joghurt glatt rühren. Kerbel waschen, trockenschütteln und fein hacken. Mit Nüssen und Salz unterrühren. Die Creme in saubere Schraubgläser füllen. Gut gekühlt hält sie sich 2–3 Tage.

➤ *Passt zu Pitatasche (Rezept Seite 82) oder Vollkornbrot. Als zusätzlicher Belag eignet sich Salami, Rinderschinken, Tomaten- oder Radieschenscheiben.*

im Bild links

Apfel-Zwiebel-Aufstrich

Zubereitungszeit: 20 Min.
Für 10 Portionen (pro Portion ca. 200 kcal)

1 Gemüsezwiebel, 2 mürbe Äpfel, 200 g Kokosfett, ungehärtet, Meersalz, 1 Zweig Majoran

1 Die Zwiebel schälen und fein hacken. Die Äpfel schälen, vierteln, entkernen und grob raspeln.

2 Kokosfett langsam schmelzen lassen. Äpfel und Zwiebel zugeben und unter Rühren 10 Min. dünsten (das Fett darf nicht zu heiß werden).

3 Mit Salz und Majoran würzen. Leicht abkühlen lassen, in einer kleinen Schüssel im Kühlschrank fest werden lassen. Der Aufstrich ist etwa 4 Wochen haltbar.

➤ *Der Aufstrich passt gut zu frischem Vollkornbauernbrot mit Kümmel. Als zusätzlicher Belag eignet sich Salami, Putenlachsschinken und roher Hirsch- oder Rinderschinken.*

im Bild rechts

Wildkräuter-Aufstrich

Zubereitungszeit: 15 Min.
Für 10 Portionen (pro Portion ca. 80 kcal)

1 Knoblauchzehe, 1 TL Salz, 1 Frühlingszwiebel, 1 kleines Bund Wildkräuter (Brunnenkresse, Löwenzahn, Sauerampfer), 200 g Doppelrahmfrischkäse, 150 g saure Sahne, 1 TL Honig

1 Knoblauch schälen, hacken und mit Salz zu einer Paste zerreiben. Frühlingszwiebel putzen, klein schneiden. Kräuter waschen, trockenschütteln und hacken.

2 Knoblauch, Frühlingszwiebel und Wildkräuter mit Frischkäse, saurer Sahne und Honig verrühren. In einem verschließbaren Kunststoffbehälter und gut gekühlt hält er sich 2–3 Tage frisch.

➤ *Der Wildkräuter-Aufstrich passt gut zu Vollkornbaguette und Vollkornknäckebrot. Als zusätzlicher Belag eignen sich Radieschen- oder Tomatenscheiben.*

im Bild links

Zwiebel-Quark-Aufstrich

Zubereitungszeit: 15 Min.
Für 10 Portionen (pro Portion ca. 35 kcal)

1 Zwiebel, 1 Bund Schnittlauch, 250 g Quark (20 % Fett i. Tr.), 100 g Naturjoghurt, Meersalz, 1 TL rosenscharfes Paprikapulver

1 Zwiebel schälen und fein würfeln. Schnittlauch waschen, trockenschütteln und in Röllchen schneiden.

2 Quark mit Joghurt verrühren. Zwiebel und Schnittlauch unterrühren und salzen. Mit Paprikapulver bestreuen. In ein verschließbares Gefäß geben, innerhalb von 2 Tagen verbrauchen.

➤ *Passt zu Vollkornbrötchen mit Sonnenblumenkernen und zu Pellkartoffeln.*

im Bild rechts

Mediterrane Frischkäsecreme

Zubereitungszeit: 15 Min.
Für 10 Portionen (pro Portion ca. 165 kcal)

4 EL Pinienkerne, 15 schwarze Oliven (ohne Stein), 50 g getrocknete, in Öl eingelegte Tomaten, 400 g Frischkäse, Meersalz, Pfeffer, 2 TL getrockneter Thymian

1 Pinienkerne hacken und rösten. Oliven und Tomaten fein hacken. Mit Frischkäse verrühren. Mit Salz, Pfeffer und Thymian würzen, mit Pinienkernen bestreuen. Abgedeckt und gekühlt bleibt sie 4–5 Tage frisch.

➤ *Passt zu Vollkornfladen, Vollkornbaguette und Vollkorntoast. Als zusätzlicher Belag eignen sich Tomatenscheiben mit Rucola.*

im Bild links

Mandel-Mascarpone-Paste

Zubereitungszeit: 10 Min.
Für 10 Portionen (pro Portion ca. 140 kcal)

80 g gemahlene Mandeln, 150 g fester Rapshonig (Bioladen), 2–3 Tropfen Bittermandelöl, 100 g Mascarpone

1 Mandeln mit Honig, Bittermandelöl und Mascarpone verrühren. In ein Schraubglas geben und kühl stellen. Die Paste hält sich 3 Tage. Ohne Mascarpone hält sich die Mandelpaste 4–6 Wochen frisch.

➤ *Passt gut zu Vollkorntoast, Vollkornbrötchen und Vollkornbaguette. Als extra Belag eignet sich eine in Scheiben geschnittene Banane.*

im Bild rechts

Aprikosen-Mandel-Aufstrich

Zubereitungszeit: 15 Min.
Für 10 Portionen (pro Portion ca. 155 kcal)

175 g Soft Aprikosen, 200 g Honig, 2 Tropfen Bittermandelöl, 80 g gemahlene Mandeln

1 Die Aprikosen mit dem Wiegemesser sehr fein hacken.

2 Honig mit Aprikosen und Bittermandelöl verrühren, Mandelmehl untermischen. Den Aufstrich in ein Schraubglas geben und kühl aufbewahren. Im Kühlschrank hält er sich 3 Wochen frisch.

➤ *Passt gut zu Vollkornbrot, Vollkornbrötchen und Knäckebrot.*

im Bild Seite 47 Mitte

Dattel-Honig-Creme

Zubereitungszeit: 20 Min.
Für 10 Portionen (pro Portion ca. 130 kcal)

50 g Rosinen, 10 Datteln, 100 g Honig, 100 g Kokosraspel, 1–2 TL Zimtpulver, 1 TL Nelkenpulver, 1/2 TL Kardamom

1 Die Rosinen mit kochendem Wasser übergießen und 10 Min. quellen lassen.

2 Das Wasser abgießen. Datteln und Rosinen fein hacken und mit Honig verrühren. Die Kokosraspel unterrühren und mit Zimt- und Nelkenpulver sowie Kardamom würzen.

3 In ein Schraubglas geben und gekühlt aufbewahren. Hält sich im Kühlschrank 1 Woche frisch.

➤ *Passt gut zu Vollkorntoast.*

im Bild links

Walnussbutter

Zubereitungszeit: 10 Min.
Für 10 Portionen (pro Portion ca. 200 kcal)

125 g Walnusskerne, 150 g weiche Butter, 1 TL Honig

1 Die Nüsse fein mahlen. Mit Butter und Honig verkneten. Die Walnussbutter hält sich im Kühlschrank 1 Woche frisch.

➤ *Die Walnussbutter passt gut zu deftigem Vollkornbrot, Roggenvollkornbrot und Vollkornknäckebrot.*

➤ *Wer sie nicht süß mag, kann statt Honig etwas Salz verwenden. Dann passt als weiterer Belag: Salami, Schinken oder Käse aus der neutralen Spalte dazu.*

im Bild rechts

Pflaumenfrischkäsecreme

Zubereitungszeit: 10 Min.
Einweichzeit: ca. 4 Std.
Für 10 Portionen (pro Portion ca. 90 kcal)

150 g Trockenpflaumen (ohne Stein), 200 g Doppelrahmfrischkäse, 1 EL abgeriebene Schale von 1 unbehandelten Zitrone

1 Trockenpflaumen in kleine Stücke schneiden, mit 80 ml Wasser bedecken und 4 Std. einweichen.

2 Dann mit dem Einweichwasser, Frischkäse und Zitronenschale pürieren.

3 In ein Schraubglas geben und gut gekühlt aufbewahren. Hält sich 3–4 Tage frisch.

➤ *Passt gut zu Vollkorntoast, Vollkornbrot und Rosinenbrötchen. Nach Belieben mit Mandelblättchen bestreuen.*

Wurst-Gemüse-Rühreier

Zubereitungszeit: 10 Min.
Für 2 Personen (pro Portion ca. 315 kcal)

1 Frühlingszwiebel, 1 Möhre, 80 g Geflügelfleischwurst, 1/2 Bund Schnittlauch, 4 Eier, 4 EL Mineralwasser, 2 EL Sahne, Meersalz, 1 EL Butter

1 Frühlingszwiebel putzen und waschen. Das Grün in Röllchen schneiden, das Weiße in kleine Würfel schneiden. Die Möhre putzen, schälen und fein stifteln.

2 Die Wurst in dünne Streifen schneiden. Den Schnittlauch waschen, trockenschütteln und in Röllchen schneiden.

3 Die Eier mit Mineralwasser und Sahne verquirlen und mit Meersalz leicht würzen.

4 Die Butter in einer beschichteten Pfanne erhitzen. Zwiebel und Möhre darin bei schwacher Hitze unter Rühren 3 Min. anbraten. Die Wurststreifen zugeben und kräftig anbraten.

5 Die Eier darüber gießen und bei schwacher Hitze stocken lassen. Zwischendurch die Masse ein- bis zweimal vom Rand zur Mitte schieben und fertig braten. Mit Schnittlauch bestreut servieren.

Schinken-Omelett

Zubereitungszeit: 10 Min.
Für 2 Personen (pro Portion ca. 385 kcal)

1 Frühlingszwiebel, 50 g Rinderschinken, 4 Eier, 4 EL Mineralwasser, 3 EL Sahne, Salz, Pfeffer, 1 EL Sonnenblumenöl

1 Die Frühlingszwiebel putzen und waschen. Das Grün in Röllchen, das Weiße in kleine Würfel schneiden. Den Schinken klein würfeln.

2 Eier mit Mineralwasser, Sahne, Salz und Pfeffer in einer Schüssel schaumig schlagen.

3 Das Öl in einer Pfanne erhitzen und die Zwiebel- und Schinkenwürfel darin bei schwacher Hitze anbraten.

4 Die Eier zugießen und bei schwacher Hitze stocken lassen. Die Pfanne mehrmals kurz rütteln, damit das Omelett nicht anbackt.

5 Den Deckel auflegen und das Omelett bei schwacher Hitze stocken lassen. Das Omelett in zwei Hälften teilen, auf zwei Tellern anrichten und servieren.

➤ *Dazu passt als Beilage aufgeschnittene Gurke, Paprikaschote oder Tomate.*

Wachsweiche Eier mit Kressequark

Zubereitungszeit: 10 Min.
Für 2 Personen (pro Portion ca. 350 kcal)

1 rote Paprikaschote, 1 Kästchen Gartenkresse, 250 g Quark (20 % Fett i. Tr.), 6 EL Milch, Meersalz, 2 TL edelsüßes Paprikapulver, 4 Eier

1 Die Paprikaschote waschen, halbieren, putzen und in kleine Würfel schneiden. Die Kresse gut abspülen und mit einer Schere vom Beet schneiden.

2 Quark mit Milch, Salz und Paprikapulver cremig verrühren, jeweils die Hälfte der Paprikawürfel und Kresse unterheben.

3 Die Eier in 5 Min. weich kochen, pellen, halbieren und auf den Quark setzen. Mit der übrigen Kresse und den Paprikawürfeln garniert servieren.

1 Wurst-Gemüse-Rühreier
2 Schinken-Omelett
3 Wachsweiche Eier mit Kressequark

Heidelbeermuffins

Zubereitungszeit: 15 Min.
Backzeit: 38 Min.
Für 12 Stück (pro Stück ca. 185 kcal)

2 Eigelbe, 50 ml Sonnenblumenöl, 120 g Honig, 50 g gemahlene Haselnusskerne, 285 ml Reismilch, 1 TL abgeriebene Schale von 1 unbehandelten Zitrone, Meersalz, 1 TL Vanillepulver, 300 g Weizenvollkornmehl, 2 TL Backpulver, 1/2 TL Natron, 150 g Heidelbeeren (frisch oder tiefgekühlt)

1 Die Eigelbe mit einem Schneebesen schaumig aufschlagen. Nach und nach das Öl, Honig, Nüsse, Reismilch, Zitronenschale, Salz und Vanille zufügen und alles gut verrühren. Das Mehl mit Backpulver und Natron mischen und löffelweise unter den Teig rühren. Den Backofen auf 180° vorheizen.

2 Frische Heidelbeeren waschen, verlesen, abtropfen lassen und unter den Teig mischen. TK-Beeren antauen lassen. Das Muffinsblech gut einfetten. Den Teig in die Vertiefungen geben und glatt streichen. Im Backofen (Mitte, Umluft 160°) 35–38 Min. backen.

3 Die Muffins in der Form auskühlen lassen, dann vorsichtig vom Rand lösen und auf ein Kuchengitter stürzen. Warm und kalt servieren.

➤ *Vollkorngebäck entwickelt seinen Geschmack erst nach 1–2 Tagen. Intensiver im Geschmack werden die Muffins, wenn man sie nach dem Backen mit einigen Tropfen Himbeergeist beträufelt.*

Apfelcrumble

Zubereitungszeit: 15 Min.
Backzeit: 35 Min.
Für 2 Förmchen (pro Portion ca. 380 kcal)

2 EL Rosinen, 2 kleine mürbe Äpfel, 2 EL weißer Rum, 1 Msp. Kardamom, 1 TL Zimtpulver, 1 TL Honig, 70 g feines Dinkelvollkornmehl, 25 g kalte Butter, 25 g fester Honig

1 Die Rosinen heiß abspülen und abtropfen lassen. Die Äpfel waschen, vierteln, entkernen und in kleine Würfel schneiden.

2 Beides mischen, mit Rum, Kardamom, Zimtpulver und Honig verrühren und 10 Min. ziehen lassen. Den Backofen auf 200° vorheizen.

3 Für die Streusel Mehl, Butter und Honig in eine Schüssel geben, mit den Händen zu Streuseln verkneten.

4 Die Apfelwürfel in 2 feuerfeste Förmchen (10 cm Ø) geben und die Streusel darauf verteilen. Im Backofen (Mitte, Umluft 180°) 30–35 Min. backen, bis die Streusel leicht gebräunt sind.

Variante
Nussiger wird es, wenn Sie zwischen die Äpfel noch 1 EL Mandelstifte geben.

Tipp
Honig lässt sich ganz einfach abwiegen, indem Sie das volle Honigglas wiegen. Dann die Waage um das gewünschte geringere Gewicht einstellen und esslöffelweise den Honig entnehmen.

Bananen-Pfannkuchen

Zubereitungszeit: 20 Min.
Für 2 Personen (pro Portion ca. 365 kcal)

1 Banane, 100 g feines Dinkelvollkornmehl, 2 TL Weinstein-Backpulver, 1/4 l Kokosmilch (aus der Dose), 80 ml Mineralwasser, 2 Eigelbe, 1 Prise Meersalz, 2 EL Sonnenblumenöl

1 Die Banane schälen und in dünne Scheiben schneiden. Das Mehl mit Backpulver mischen und mit Kokosmilch, Mineralwasser, Eigelben und Salz zu einem glatten Teig verrühren. Die Bananenscheiben zugeben und den Teig 5 Min. quellen lassen.

2 1 TL Öl in einer kleinen beschichteten Pfanne von 20 cm Ø erhitzen. 1 kleine Schöpfkelle Teig hineingeben und bei mittlerer Hitze den Pfannkuchen von jeder Seite 1–2 Min. backen. Aus dem restlichen Öl und dem übrigen Teig 7 weitere dünne Pfannkuchen backen. Warm oder kalt servieren.

1

2

3

1 Heidelbeermuffins
2 Apfelcrumble
3 Bananen-Pfannkuchen

im Bild Mitte

Aprikosen-Buttermilch-Drink

Zubereitungszeit: 10 Min.
Für 2 Drinks (pro Drink ca. 90 kcal)

4 getrocknete Aprikosen, 1 EL Honig, 300 ml kalte Buttermilch, 1/4 TL Kardamom

1 Die Aprikosen in kleine Stücke schneiden. Mit Honig und 80 ml Wasser kurz aufkochen, danach abkühlen lassen.

2 Buttermilch, Kardamom und Aprikosen fein pürieren. In ein hohes Glas füllen und nach Belieben kalt servieren.

im Bild links

Himbeermilch

Zubereitungszeit: 10 Min.
Für 2 Drinks (pro Drink ca. 170 kcal)

100 g Himbeeren (frisch oder tiefgekühlt), 2 EL Frutilose, 300 ml kalte Milch, 1 Zweig Minze

1 Frische Himbeeren verlesen mit einer Gabel zerdrücken und mit Frutilose verrühren.

2 Die Milch in ein hohes Gefäß füllen und mit dem Pürierstab aufschäumen.

3 Himbeeren zugeben und pürieren. In zwei hohe Gläser füllen. Mit Minze garniert servieren.

im Bild rechts

Zitronen-Frappé

Zubereitungszeit: 10 Min.
Für 2 Drinks (pro Drink ca. 165 kcal)

2 Zweige Zitronenmelisse, 1 Zitrone, 350 g Kefir, 50 ml Eiswasser, 4 Eiswürfel, 2 EL Agavendicksaft

1 Zitronenmelisse waschen, trockenschütteln, einige Blättchen beiseite legen und den Rest grob hacken.

2 Den Saft der Zitrone auspressen. Mit Kefir, Eiswasser, Eiswürfeln, Agavendicksaft und Zitronenmelisse im Mixer auf höchster Stufe mixen, bis die Masse schaumig ist.

3 In zwei Gläser füllen und mit Zitronenmelisse garniert servieren.

im Bild links

Gurken-Kefir-Mix

Zubereitungszeit: 10 Min.
Für 2 Drinks (pro Drink ca. 115 kcal)

1 kleine Zitrone, 1 kleines Stück Gurke (etwa 10 cm), 15 Sauerampferblätter, 350 g Kefir, Meersalz

1 Von der Zitrone zwei Scheiben abschneiden und diese bis zur Mitte einschneiden. Die restliche Zitrone auspressen.

2 Gurke schälen, halbieren, entkernen und in grobe Stücke schneiden. Sauerampfer waschen, trockenschütteln und grob hacken.

3 Kefir mit Gurke, Sauerampfer, Zitronensaft und Salz pürieren. In zwei hohe Gläser füllen, die Zitronenscheiben auf den Glasrand stecken und kalt servieren.

Tipp

Ohne Zitrone gehört der Drink zur neutralen Gruppe. Verwenden Sie die restliche Gurke für die »Kräuterkaltschale mit Ei« auf Seite 95.

im Bild rechts

Avocado-Buttermilch-Drink

Zubereitungszeit: 10 Min.
Für 2 Drinks (pro Drink ca. 215 kcal)

1 reife Avocado, 1 EL Zitronensaft, 400 g Buttermilch, 1 Prise Meersalz, 1 Msp. Cayennepfeffer, 10 Haselnusskerne, 2 Msp. frisch geriebene Muskatnuss, 2 Zweige Kerbel

1 Die Avocado längs halbieren, vom Stein befreien, das Fruchtfleisch aus der Schale lösen, grob würfeln und mit Zitronensaft beträufeln.

2 Mit Buttermilch, Salz, Cayennepfeffer und Nüssen in einem Mixer fein pürieren.

3 Den Drink in zwei Gläser füllen. Mit Muskat bestreuen, mit Kerbel garnieren und sofort servieren.

Snacks und Mittagessen zum Mitnehmen

Das Mittagessen ist meist die organisatorisch schwierigste Mahlzeit am Tag. Doch wenn Ihr Arbeitgeber die Möglichkeit bietet, Mitgebrachtes kühl zu lagern und aufzuwärmen, können Sie auch am Arbeitsplatz Selbstgemachtes genießen.

Lassen Sie sich in der Mittagspause nach Belieben ein Eiweiß- oder Kohlenhydratgericht schmecken. Bereiten Sie schon am Vorabend das Essen für Ihre Mittagspause am nächsten Tag vor. Über Nacht gekühlt und am nächsten Morgen in auslaufsicheren und gut verschließbaren Frischhalteboxen verpackt, lassen sich Ihre Trennkostmahlzeiten prima transportieren. Nehmen Sie sich für das Essen in der Mittagspause wirklich Zeit, schieben Sie Ihre Arbeitsunterlagen beiseite, wenn Sie am Schreibtisch essen müssen, und richten Sie das Mitgebrachte appetitlich an.

Denken Sie auch an den kleinen Hunger am Vor- oder Nachmittag, denn Snacken erfrischt, vorausgesetzt, Sie wählen trennkostgerechte Snacks – vormittags einen Eiweiß-Snack mit Früchten oder Rohkost, nachmittags einen Kohlenhydrat-Snack mit Müsliriegel ohne Zucker oder Trockenfrüchten.

im Bild Mitte

Kräuter-Vinaigrette

Zubereitungszeit: 15 Min.
Für 10 Portionen (pro Portion ca. 100 kcal)

1 rote Zwiebel, 1–2 Knoblauchzehen, 1/2 Bund Petersilie, 20 Salbeiblätter, 1/2 EL rote Pfefferkörner, 50 ml Aceto balsamico, 100 ml herber Rotwein, Meersalz, 150 ml Olivenöl

1 Zwiebel und Knoblauch schälen, beides fein würfeln. Die Kräuter waschen, trockenschütteln und fein hacken. Die roten Pfefferkörner im Mörser oder mit einem Messer zerkleinern.

2 Essig, Rotwein und Salz verrühren. Das Öl unterschlagen. Zwiebel, Knoblauch, Kräuter und Pfeffer zufügen. Die Vinaigrette in ein sauberes Schraubglas geben. Gut gekühlt hält sie sich 1 Woche.

im Bild rechts

Vorrats-Vinaigrette

Zubereitungszeit: 15 Min.
Für 10 Portionen (pro Portion ca. 80 kcal)

1 Zwiebel, 2 EL Dijon-Senf, 60 ml Obstessig, 70 ml Walnussöl, 50 g Sahne, 40 g gehackte Walnusskerne, Pfeffer, Salz, 1–2 TL edelsüßes Paprikapulver, 1–2 EL gehackte Petersilie

1 Die Zwiebel schälen und fein hacken. Senf mit Essig und Öl verrühren. Sahne mit 5 EL Wasser mischen. Die Nüsse unterrühren und mit Pfeffer und Salz würzen.

2 In ein sauberes Schraubglas geben. Vor dem Servieren Paprikapulver und Petersilie unterrühren. Gut gekühlt hält sie sich 1 Woche.

im Bild links

Müsliriegel

Zubereitungszeit: 25 Min.
Backzeit: ca. 35 Min.
Für 14 Stück (pro Stück ca. 335 kcal)

250 g feines Dinkelvollkornmehl, 2 TL Weinstein-Backpulver, 3 Eigelbe, 120 g Honig, 6 EL Sonnenblumenöl, Meersalz, abgeriebene Schale von 1 unbehandelter Zitrone, 70 ml warme Reismilch, 100 g Butter, 150 g Honig, 120 g Sahne, 50 g Sonnenblumenkerne, 100 g Mandelstifte, 30 g Sesamsamen, Butter und Mehl für die Form

1 Ein rechteckiges Kuchenblech (30 x 22 cm) einfetten und mit etwas Mehl bestäuben. Mehl und Backpulver mischen.

2 Eigelbe schaumig schlagen. Honig, Öl, Salz und Zitronenschale unterrühren. Nach und nach Mehl und Reismilch unter die Eigelbe rühren.

3 Den Teig 5 Min. quellen lassen, nochmals durchrühren und in die Form geben. Den Backofen auf 180° vorheizen.

4 Für den Belag Butter, Honig und Sahne aufkochen lassen. Die Sonnenblumenkerne, Mandelstifte und Sesamsamen unterrühren. Die Masse kurz einkochen lassen, dann gleichmäßig auf dem Teig verteilen.

5 Im Backofen (Mitte, Umluft 160°) 35 Min. backen. Aus dem Ofen nehmen und noch heiß in 14 Riegel schneiden.

➤ *Packen Sie die Müsliriegel in eine Keksdose. So haben Sie immer einen süßen Vorrat für den kleinen Hunger zwischendurch. Trocken und kühl aufbewahrt halten sie sich etwa 2 Wochen.*

Snacks und Mittagessen

im Bild Mitte

Käse-Trauben-Snack

Zubereitungszeit: 10 Min.
Für 2 Personen (pro Portion ca. 300 kcal)

1 große Birne, 1 EL Zitronensaft, 150 g blaue Trauben, 100 g Gouda, 6 Walnusskerne

1 Birne waschen, würfeln. Mit Zitronensaft beträufeln. Trauben waschen, abzupfen und entkernen. Käse klein schneiden, mit Obst mischen. Nüsse hacken und darüber streuen.

im Bild links

Gurkenstifte mit Tsatsiki

Zubereitungszeit: 10 Min.
Für 2 Personen (pro Portion ca. 130 kcal)

1 Salatgurke, 1–2 Knoblauchzehen, 150 g Quark, 100 g Joghurt, Kräutersalz

1 Gurke schälen, etwa 10 cm fein reiben. Rest halbieren, entkernen und in Streifen schneiden. Knoblauch schälen. Quark und Joghurt verrühren. Gurkenraspel zugeben, Knoblauch dazupressen, untermischen. Mit Kräutersalz würzen.

im Bild rechts

Mozzarella mit Tomate

Zubereitungszeit: 10 Min.
Für 2 Personen (pro Portion ca. 195 kcal)

2 große Fleischtomaten, 125 g Mozzarella, 3 Zweige Basilikum, 2 EL Aceto balsamico, 1 EL Olivenöl, Pfeffer aus der Mühle, Meersalz

1 Tomaten waschen. Mit Mozzarella in Scheiben schneiden. Basilikum waschen, Blättchen abzupfen. Tomaten und Mozzarella anrichten, mit Essig und Öl beträufeln, pfeffern, salzen, mit Basilikum garnieren.

im Bild Seite 57 links

Melonensalat

Zubereitungszeit: 15 Min.
Für 2 Personen (pro Portion ca. 165 kcal)

30 g Rucola, 1 kleine rote Zwiebel, 1 Stück frischer Ingwer (haselnussgroß), 1 kleine Netzmelone, 1/2 TL Honig, 1 EL Zitronensaft, Meersalz, 1 Msp. Chilipulver, 1 TL weißer Aceto balsamico, 2 EL Pinienkerne

1 Rucola waschen, putzen, zerzupfen. Zwiebel und Ingwer schälen, beides fein würfeln. Melone entkernen, Fruchtfleisch aus der Schale lösen. Zwei Drittel davon würfeln, mit Rucola und Zwiebel mischen. Rest mit Ingwer, Honig und Zitronensaft pürieren, mit Salz und Chilipulver würzen.

2 Püree in eine flache Schüssel geben, Melonensalat darauf geben. Mit Essig besprühen und mit Pinienkernen garnieren.

im Bild rechts

Pumpernickel mit Forellensalat

Zubereitungszeit: 15 Min.
Für 2 Personen (pro Portion ca. 245 kcal)

2 kleine geräucherte Forellenfilets, 1 kleine Zwiebel, 1 EL kleine Kapern, 1 kleine Salatgurke, Meersalz, 8 kleine Dillzweige, 8 Pumpernickeltaler, 2 EL Meerrettich (aus dem Glas)

1 Forellenfilets in Stücke schneiden. Zwiebel schälen, fein hacken. Mit Kapern und Forellenstückchen vermischen. Gurke schälen, 8 dünne Scheiben abschneiden und beiseite legen. Rest klein schneiden und leicht salzen. Dill waschen. Pumpernickeltaler mit Meerrettich bestreichen, mit Gurkenscheibchen belegen. Forellensalat darauf geben, mit Dill garnieren. Mit Gurkenstücken anrichten.

im Bild Mitte

Gefüllte Avocado

Zubereitungszeit: 15 Min.
Für 2 Personen (pro Portion ca. 230 kcal)

1 Knoblauchzehe, 2 Tomaten, 10 schwarze Oliven, 60 g Schafkäse, 8 Salbeiblätter, 1 reife Avocado, Pfeffer, Salz, 1 EL Aceto balsamico, 1 TL Olivenöl

1 Knoblauch schälen, fein hacken. Tomaten waschen, klein würfeln. Oliven in Scheiben schneiden. Schafkäse zerbröckeln. Salbei waschen und bis auf 3 Blätter hacken. Avocado halbieren und entkernen. Etwas Fruchtfleisch herauslösen, zerkleinern und mit Knoblauch, Tomaten, Oliven, Schafkäse und gehacktem Salbei mischen, pfeffern und salzen. Essig und Öl verrühren und untermischen. Die Avocadohälften damit füllen. Mit restlichem Salbei garnieren.

im Bild links

Apfelmus mit Mandelquark

Zubereitungszeit: 20 Min.
Für 2 Personen (pro Portion ca. 280 kcal)

3 mürbe Äpfel, 1–2 TL Zimtpulver, 2 EL Honig, 150 g Quark (20 % Fett i. Tr.), 3 EL Mineralwasser, 2 EL Mandelblättchen

1 Äpfel schälen, vierteln und entkernen. Mit 100 ml Wasser und Zimtpulver zugedeckt 10 Min. köcheln lassen.

2 Äpfel mit 1 EL Honig pürieren, abkühlen lassen. Quark mit Mineralwasser und restlichem Honig verrühren. Apfelmus in Schälchen geben, Quark darauf verteilen und mit Mandeln bestreuen.

im Bild rechts

Limettencreme mit Karambole

Zubereitungszeit: 10 Min.
Für 2 Personen (pro Portion ca. 365 kcal)

1 Karambole, 100 g Mascarpone, 150 g Naturjoghurt, 2 EL Honig, 2 EL Limettensaft, 4 Minzeblättchen

1 Karambole waschen, in Scheiben schneiden. Mascarpone, Joghurt, Honig und Limettensaft verrühren. Mit Karambole und Minze garnieren.

➤ *In ein gut verschließbares Schraubglas geben. Karambole in einen Frühstücksbeutel verpacken.*

im Bild Mitte

Vanillejoghurt mit Aprikosen

Zubereitungszeit: 25 Min.
Für 2 Personen (pro Portion ca. 240 kcal)

8 getrocknete Aprikosen, 2 EL Ahornsirup, 50 g Schmand, 200 g Naturjoghurt, 1 TL gemahlene Vanille (Reformhaus), 1 TL abgeriebene Schale von 1 unbehandelten Zitrone

1 Aprikosen in sehr kleine Stücke schneiden. Ahornsirup mit 100 ml Wasser aufkochen lassen. Aprikosen darin zugedeckt bei schwacher Hitze 10 Min. köcheln lassen. Beiseite stellen und 15 Min. ziehen lassen.

2 Schmand mit Joghurt verrühren. Vanille, Zitronenschale, 5 EL Aprikosensaft und die Hälfte der Aprikosenwürfel unterrühren. Anrichten und mit restlichen Aprikosen garnieren.

im Bild links

Himbeerquark mit Pinienkernen

Zubereitungszeit: 10 Min.
Für 2 Personen (pro Portion ca. 280 kcal)

250 g Quark (20 % Fett i. Tr.), 3 EL Mineralwasser, 200 g Himbeeren, 6 Minzeblättchen, 2 EL Pinienkerne, 2 EL Ahornsirup

1 Quark mit Mineralwasser verrühren. Himbeeren verlesen und zerdrücken. Minze fein hacken. Himbeeren, Pinienkerne und Minze unter den Quark rühren und mit Ahornsirup beträufeln.

im Bild Mitte

Orangen-Mascarpone-Creme

Zubereitungszeit: 20 Min., Kühlzeit: 3 Std.
Für 2 Personen (pro Portion ca. 560 kcal)

2 Blatt Gelatine, 3 Orangen, 2 Eigelbe, 4 EL Agavendicksaft, 150 g Naturjoghurt, 100 g Mascarpone, 1/2 TL gemahlene Vanille (Reformhaus), 1 EL gehackte Pistazienkerne

1 Gelatine in kaltem Wasser 5 Min. einweichen. 1 Orange schälen und die Fruchtfilets zwischen der Trennhäuten herauslösen. Saft der restlichen Orangen auspressen und aufkochen. Gelatine ausdrücken und darin auflösen.

2 Eigelbe schaumig schlagen. Heißen Saft tröpfchenweise mit Agavendicksaft unterrühren. Joghurt, Mascarpone und Vanille verrühren, mit Orangenfilets mischen. Die Mischung unter die Orangencreme rühren. In einer Schüssel 3 Std. kalt stellen. Mit Pistazien garnieren.

im Bild rechts

Kirschkaltschale

Zubereitungszeit: 20 Min.
Für 2 Personen (pro Portion ca. 250 kcal)

500 g Sauerkirschen, 2 EL Honig, 1 Zimtstange, 2 Nelken, Zitronenschale von 1 unbehandelten Zitrone (etwa 10 cm), 4–5 Messlöffel pflanzliches Bindemittel (Biobin oder Nestargel; Reformhaus)

1 Kirschen waschen, entsteinen. Mit 1/2 l Wasser, Honig, Zimt, Nelken und Schale aufkochen. Offen 4 Min. kochen. Beiseite stellen, Gewürze entfernen. Bindemittel einrühren, nochmals kurz aufkochen lassen. Kalt servieren.

Chicorée mit Orangen und Pinienkernen

Zubereitungszeit: 10 Min.
Für 2 Personen (pro Portion ca. 260 kcal)

2 Chicorée, 3 Orangen, 2 EL Rosinen, 4 Zweige glatte Petersilie, 2 EL Pinienkerne, 1 EL Frutilose, 4 EL Sojacreme, 1 EL edelsüßes Paprikapulver, 1 Msp. Cayennepfeffer, Kräutersalz

1 Chicorée putzen, halbieren und den mittleren Strunk keilförmig herausschneiden. Die Hälften in feine Streifen schneiden, waschen und abtropfen lassen.

2 Den Saft von 1 Orange auspressen. Die anderen Orangen schälen und das Fruchtfleisch in kleine Würfel schneiden. Rosinen heiß waschen und abtropfen lassen. Petersilie waschen, trockenschütteln und die Blättchen von den Stielen zupfen.

3 Chicorée, Orangenwürfel, Rosinen und Pinienkerne mischen und auf einem Teller anrichten. Für das Dressing Orangensaft mit Frutilose und Sojacreme verrühren. Mit Paprikapulver, Cayennepfeffer und Salz würzen. Das Dressing über den Salat geben. Mit Petersilie garnieren.

➤ *Die Salatmischung in einen gut verschließbaren Plastikbehälter geben. Das Dressing in ein sauberes Schraubglas füllen. Petersilie in Klarsichtfolie wickeln. Den Salat wie oben beschrieben am Arbeitsplatz anrichten.*

➤ *Dazu passt nach Belieben etwas Hüttenkäse, Quark, Hähnchenfleisch oder eine Frikadelle.*

Tomatensalat mit Basilikum-Dressing

Zubereitungszeit: 10 Min.
Für 2 Personen (pro Portion ca. 100 kcal)

5 Tomaten, 1 kleine Zwiebel, 10 Basilikumblättchen, 2 EL Aceto balsamico, Pfeffer aus der Mühle, Meersalz, 2 EL Olivenöl

1 Tomaten waschen, von den Stielansätzen befreien und in dünne Scheiben schneiden und auf einer Platte anrichten. Zwiebel schälen, fein würfeln und darüber streuen. Basilikum waschen, trockentupfen und fein hacken.

2 Basilikum, Essig, Pfeffer und Salz in einen Mörser geben und zerreiben, bis die Mischung leicht sämig ist. Tropfenweise das Öl unterrühren. Die Tomaten mit dem Dressing beträufeln.

➤ *Zum Mitnehmen Dressing und Zwiebel zu Hause vorbereiten. Das Dressing in ein kleines Schraubglas oder in einen verschließbaren Kunststoffbehälter geben. Zwiebel in Folie wickeln. Tomaten erst am Arbeitsplatz aufschneiden.*

➤ *Schmeckt mit einem Stück Schafkäse, Mozzarella, 2 hart gekochten Eiern oder den Frikadellen mit scharfem Dip von Seite 76.*

Ananas-Krautsalat

Zubereitungszeit: 20 Min.
Für 2 Personen (pro Portion ca. 165 kcal)

1/2 Ananas, 1 kleiner Weißkohl (etwa 500 g), Meersalz, 2 EL Zitronensaft, weißer Pfeffer, 1 EL Sonnenblumenöl, 2 milde Peperoni

1 Ananas schälen, vom harten Strunk befreien und in kleine Würfel schneiden.

2 Weißkohl von den äußeren Blättern befreien, vierteln, vom harten Strunk befreien und die Viertel in dünne Streifen hobeln. Mit Salz bestreuen und so lange stampfen, bis der Kohl etwas mürbe wird.

3 Ananaswürfel mit dem Weißkohl mischen. Zitronensaft, Pfeffer und Öl untermengen und mit den Peperoni in einer gut verschließbaren Kunststoffbox anrichten.

1

2

3

1 Chicorée mit Orangen und Pinienkernen
2 Tomatensalat mit Basilikum-Dressing
3 Ananas-Krautsalat

Tomaten-Rucola-Salat

Zubereitungszeit: 20 Min.
Backzeit: ca. 25 Min.
Für 2 Personen (pro Portion ca. 180 kcal)

1 mittelgroße Aubergine, 2–3 Knoblauchzehen, 2 EL Olivenöl, 75 g griechischer Joghurt, Kräutersalz, 3 Tomaten, 1/2 Bund Rucola, 1 EL Obstessig, Pfeffer und Salz, 1 Zweig Thymian

1 Backofen auf 200° vorheizen. Aubergine waschen, putzen, in Alufolie wickeln und im Backofen 25 Min. braten. Abkühlen lassen.

2 Knoblauch schälen und grob hacken. Aubergine halbieren, das Fruchtfleisch herauslösen. 1 EL Öl erhitzen. Knoblauch darin hellgelb braten. Auberginenfleisch mit Joghurt, Knoblauch und Kräutersalz fein pürieren und kalt stellen.

3 Tomaten waschen, in Scheiben schneiden. Rucola waschen, putzen, zerpflücken. Thymian waschen, Blättchen abzupfen. Tomaten und Rucola anrichten, mit übrigem Öl und Essig beträufeln, pfeffern und salzen. Auberginenpüree darauf anrichten, mit Thymian bestreuen.

Möhren-Paprika-Salat

Zubereitungszeit: 25 Min.
Für 2 Personen (pro Portion ca. 95 kcal)

300 g kleine Möhren, 1 große gelbe Paprikaschote, 1 EL Sonnenblumenöl, 5 Zweige Petersilie, 1 EL Obstessig, Meersalz, Pfeffer

1 Möhren waschen, putzen und mit Schale 15 Min. garen, abgießen und etwas abkühlen lassen.

2 Paprikaschote halbieren, putzen, waschen und würfeln. Möhren schälen und in dünne Scheiben schneiden. Öl erhitzen. Paprikawürfel darin unter Rühren 5. Min. braten. Möhren untermischen, beiseite stellen und abkühlen lassen.

3 Petersilie waschen, trockenschütteln und fein hacken. Das Gemüse in eine Kunststoffbox mit Deckel geben, mit Essig beträufeln, mit Salz und Pfeffer würzen und mit Petersilie bestreuen.

➤ *Das Gemüse schmeckt warm und kalt. In einem gut verschließbaren Kunststoffbehälter mitnehmen. Schmeckt mit Vollkornbutterbrot, Kartoffeln, Reis, Fleisch und Fisch.*

Sellerie-Walnuss-Salat

Zubereitungszeit: 30 Min.
Für 2 Personen (pro Portion ca. 285 kcal)

500 g Knollensellerie, 1 Zwiebel, 150 g Joghurt, 75 g saure Sahne, 1 EL Obstessig, 1 TL Senf, 1 TL Honig, Kräutersalz, 40 g Walnusskerne, 1–2 TL edelsüßes Paprikapulver, 1/2 Bund Petersilie

1 Sellerie waschen, in einem Topf knapp mit Wasser bedecken und zugedeckt in 20 Min. bissfest garen, dann abkühlen lassen.

2 Zwiebel schälen, fein hacken. Joghurt, saure Sahne, Essig, Senf, Honig, Salz und Zwiebel verrühren. Nüsse grob hacken. Petersilie waschen, trockenschütteln und fein hacken.

3 Sellerie schälen, vierteln, die Viertel in dünne Scheiben schneiden. Mit dem Dressing und den Nüssen mischen. Mit Paprikapulver und Petersilie bestreuen. Salat gut abdecken.

➤ *Sellerie morgens aufsetzen, den Herd nach 10 Min. Kochzeit abschalten und den Topf ungeöffnet stehen lassen. Abends den Salat zubereiten.*

Spargelsalat

Zubereitungszeit: 25 Min.
Für 2 Personen (pro Portion ca. 85 kcal)

500 g Spargel, 1 TL Salz, 1 TL Butter, 1/2 TL Honig, 1/2 Bund Petersilie, 2 EL Obstessig, Meersalz, 1 TL Nussöl

1 Spargel schälen und die holzigen Enden etwa 2 cm breit abschneiden. Den Spargel in einem Topf mit Wasser bedecken. Salz, Butter und Honig zugeben, aufkochen und zugedeckt bei schwacher Hitze 15–18 Min. köcheln lassen.

2 Für das Dressing die Petersilie waschen, trockenschütteln und hacken. Essig mit 5 EL Spargelwasser und Salz verrühren. Öl unterschlagen und die Petersilie untermischen. Den Spargel abtropfen, auskühlen lassen und in eine längliche Kunststoffbox mit Deckel geben. Mit dem Dressing beträufeln und verschließen.

➤ *Passt zu Brot, Kartoffeln, Reis, aber auch zu Fleisch, Fisch oder Eiern. Ergänzen Sie die Mahlzeit mit Putenschnitzel oder Haferflockenbratlingen (Rezept Seite 112)*

Friséesalat mit Pute

Zubereitungszeit: 25 Min.
Für 2 Personen (pro Portion ca. 355 kcal)

300 g Putenbrust, 2 EL Sonnenblumenöl, Pfeffer, Meersalz, 1 TL edelsüßes Paprikapulver, 1 Frühlingszwiebel, 1 Friséesalat, 1 kleiner Zucchino, 4 Aprikosen, 5 Zweige Kerbel, 1 EL Essig, 8 EL naturreiner Apfelsaft, 1 TL Frutilose

1 Fleisch in Streifen schneiden. 1 EL Öl erhitzen. Das Fleisch darin von allen Seiten braun anbraten. Mit Pfeffer, Salz und Paprikapulver würzen.

2 Frühlingszwiebel putzen und waschen. Das Grün in Röllchen schneiden, das Weiße klein schneiden. Salat putzen, waschen, trockenschleudern und in mundgerechte Stücke zerpflücken. Zucchino waschen, putzen und würfeln. Aprikosen waschen, entsteinen und würfeln. Frühlingszwiebel, Salat, Zucchino, Aprikosen anrichten.

3 Kerbel waschen, fein hacken. Essig, Apfelsaft, Pfeffer, Salz und Frutilose verrühren. Restliches Öl unterschlagen, Kerbel untermischen. Mit dem Salat mischen, das Fleisch darauf anrichten.

Zucchino-Tomaten-Salat mit Rumpsteak

Zubereitungszeit: 20 Min.
Für 2 Personen (pro Portion ca. 330 kcal)

2 Rumpsteaks (je etwa 180 g), 2 EL Sonnenblumenöl, 1 Zwiebel, 1 kleiner Zucchino, 3 Tomaten, je 1 grüne und gelbe Paprikaschote, 2 EL Aceto balsamico, Pfeffer, Meersalz, Tabasco, einige Basilikumblättchen

1 Fleisch kurz waschen, trockentupfen, Fettrand entfernen. 1 EL Öl erhitzen und das Fleisch darin von jeder Seite 4–5 Min. braten.

2 Zwiebel schälen. Gemüse waschen und putzen. Tomaten entkernen. Mit übrigem Gemüse würfeln und alles mischen. Restliches Öl mit Essig, Pfeffer, Salz und Tabasco verrühren und den Salat damit beträufeln. Fleisch pfeffern und salzen, in Streifen schneiden, mit Basilikum auf den Salat geben.

➤ *In einer Kunststoffbox mitnehmen. Statt Steakstreifen kalte Roastbeefstreifen verwenden.*

Salat mit Hähnchenbrust

Zubereitungszeit: 25 Min.
Für 2 Personen (pro Portion ca. 370 kcal)

300 g Hähnchenbrustfilet, 1 EL Sonnenblumenöl, Pfeffer, Meersalz, 1 TL rosenscharfes Paprikapulver, 60 g Feldsalat, 4 Champignons, 1 TL Zitronensaft, 40 g Sprossen, 2 Stangen Staudensellerie, 2 Orangen, 1 Frühlingszwiebel, 80 ml frisch gepresster Orangensaft, 2 EL Crème fraîche, Kräutersalz, 1 Msp. Cayennepfeffer

1 Fleisch würfeln. Öl erhitzen. Das Fleisch braun anbraten. Mit Pfeffer, Salz und Paprikapulver würzen. Salat putzen und zerpflücken. Champignons putzen, in Scheiben schneiden, mit Zitronensaft beträufeln. Sprossen waschen. Sellerie putzen, in Scheiben schneiden. Orangen schälen, würfeln. Auf einer Salatplatte anrichten.

2 Frühlingszwiebel putzen und waschen. Das Grün in Röllchen schneiden, das Weiße würfeln. Orangensaft, Crème fraîche, Salz, Frühlingszwiebelwürfel und Cayennepfeffer verrühren und auf dem Salat verteilen. Fleisch auf den Salat geben und mit Frühlingszwiebelröllchen bestreuen.

Blattsalat mit Schinken

Zubereitungszeit: 25 Min.
Für 2 Personen (pro Portion ca. 485 kcal)

1 Radicchio, 1/2 Eichblattsalat, 1 kleine Salatgurke, 1 großer säuerlicher Apfel, 1 EL Zitronensaft, 1 große Möhre, 1 EL weißer Aceto balsamico, 1 EL Walnussöl, 8 EL naturreiner Apfelsaft, 1 TL Frutilose, Meersalz, 1 Zwiebel, 80 g Putenschinken, 80 g Manchego, 1/2 Bund Petersilie, 3 EL gehackte Walnüsse

1 Radicchio und Eichblattsalat putzen, waschen, zerpflücken. Gurke schälen, längs vierteln, entkernen und würfeln. Apfel vierteln, entkernen klein schneiden, sofort mit Zitronensaft beträufeln. Möhre putzen, schälen und grob raspeln.

2 Blattsalate mit Gurke, Apfel und Möhre auf einer Platte anrichten. Essig, Öl, Apfelsaft, Frutilose und Salz verrühren. Zwiebel schälen, hacken und unterrühren. Über den Salat träufeln.

3 Schinken und Käse würfeln, auf dem Salat verteilen. Petersilie waschen und fein hacken. Mit Walnüssen und Petersilie bestreut servieren.

Gekräuterter Fischsalat

Zubereitungszeit: 40 Min.
Für 2 Personen (pro Portion ca. 400 kcal)

1 kleine Stange Lauch, 1 Schalotte, 2 kleine Möhren, 1 TL weiße Pfefferkörner, 2 Wacholderbeeren, 1 Lorbeerblatt, 200 ml trockener Weißwein, 350 ml Gemüsebrühe, 400 g Fischfilet (z. B. Kabeljau oder Rotbarsch), 1 kleiner Kopfsalat, 4 Tomaten, 1/2 Salatgurke, 1 Bund Radieschen, je 1 Bund Dill, Petersilie, Basilikum und Schnittlauch, 1 EL Öl, 1 EL Aceto balsamico, Meersalz, 1 TL Senf, 1 Msp. Cayennepfeffer,

1 Lauch putzen, längs aufschneiden, waschen und in Streifen schneiden. Schalotte schälen und fein hacken. Möhren putzen, schälen und würfeln. Mit Pfefferkörnern, Wacholder, Lorbeer, Wein und Brühe aufkochen und bei schwacher Hitze 20 Min köcheln lassen.

2 Fisch waschen, mit Küchenpapier trockentupfen, wenn nötig, die Gräten entfernen. In den Gemüsesud geben und offen bei schwacher Hitze 15 Min. ziehen lassen.

3 Salat putzen, waschen, zerpflücken und abtropfen lassen. Tomaten waschen, ohne Stielansätze achteln. Gurke schälen, längs vierteln und klein würfeln. Radieschen putzen, waschen und in dünne Scheiben schneiden. Alles mischen und auf einer Platte anrichten.

4 Kräuter waschen. Vom Dill 2 kleine Zweige beiseite legen. Übrigen Dill und Petersilie mit Öl, Essig, 100 ml Fischsud, Salz, Senf, Cayennepfeffer pürieren. Basilikum hacken, Schnittlauch in Röllchen schneiden. Fisch abtropfen lassen, grob zerzupfen, mit dem Dressing mischen und auf dem Salat anrichten. Mit Basilikum und Schnittlauch bestreuen und mit Dill garnieren.

➤ *Fisch und Dressing am Vorabend zubereiten. Abgekühlt in einen gut verschließbaren Kunststoffbehälter geben und kalt stellen. Blattsalat in einem Gefrierbeutel mit Reißverschluss transportieren. Den restlichen Salat in eine verschließbare Box geben und erst kurz vor dem Anrichten mit Blattsalat und Fisch mischen.*

Räucherfischsalat

Zubereitungszeit: 25 Min.
Für 2 Personen (pro Portion ca. 460 kcal)

1 kleine Salatgurke, 2 Gewürzgurken, 1 große rote Paprikaschote, 2 Schillerlocken, 1 Zwiebel, 4 Zweige Dill, 1 EL Sonnenblumenöl, 1 EL weißer Aceto balsamico, 6 EL trockener Weißwein, Pfeffer, Meersalz

1 Gurke schälen, längs achteln und in kleine Stücke schneiden. Die Gewürzgurken in kleine Würfel schneiden. Paprikaschote halbieren, putzen, waschen und klein würfeln. Die Schillerlocken in dünne Scheiben schneiden.

2 Für das Dressing die Zwiebel schälen und fein würfeln. Dill waschen, trockenschütteln und fein hacken. Öl mit Essig, Wein, Dill, Pfeffer und Salz verrühren.

3 Gurke, Gewürzgurken, Paprikaschote mit den Schillerlockenscheiben und dem Dressing vermischen, kurz ziehen lassen und servieren.

➤ *Schillerlocken getrennt vom Salat in einen verschließbaren Kunststoffbehälter geben und beides erst kurz vor dem Essen mischen. Statt Schillerlocken können Sie Bückling oder Makrele verwenden.*

Garnelensalat

Zubereitungszeit: 20 Min.
Für 2 Personen (pro Portion ca. 380 kcal)

2 Eier, 2 Stauden Chicorée, 4 Artischockenherzen (aus der Dose), 4 Mandarinen, 1/2 Bund Dill, 1 EL weißer Aceto balsamico, 1 EL Sonnenblumenöl, 80 ml frisch gepresster Mandarinensaft, 3 EL Sojacreme, Kräutersalz, 200 g gegarte geschälte Garnelen

1 Eier in 10–12 Min. hart kochen, kalt abschrecken, pellen und abkühlen lassen.

2 Chicorée putzen, halbieren und den mittleren Strunk herausschneiden. Die Hälften in Streifen schneiden, waschen und abtropfen lassen.

3 Artischockenherzen abtropfen lassen, vierteln. Mandarinen schälen und in Spalten teilen. Eier würfeln. Chicorée, Artischockenherzen und Mandarinen vorsichtig mischen. Dill waschen, trockenschütteln und fein hacken.

4 Essig, Öl, Mandarinensaft, Sojacreme, Salz und Dill verrühren. Eierwürfel unterheben, das Dressing über dem Salat verteilen. Die Garnelen waschen, abtropfen lassen und auf dem Salat verteilen. Mit Dill bestreuen.

➤ *Statt Sojacreme können Sie Joghurt oder saure Sahne verwenden.*

➤ *Das Dressing in ein kleines verschließbares Glas geben und erst kurz vor dem Essen unter den Salat mischen.*

---

1 Gekräuterter Fischsalat
2 Räucherfischsalat
3 Garnelensalat

1

2

3

Käse-Apfel-Salat

Zubereitungszeit: 20 Min.
Für 2 Personen (pro Portion ca. 270 kcal)

1 Friséesalat, 1 gelbe Paprikaschote, 1 Bund Radieschen, 12 Kirschtomaten, 1 säuerlicher Apfel, 1 EL Zitronensaft, 120 g Käse (z. B. Fol Epi oder Gouda), 50 g Mais (aus der Dose oder tiefgekühlt), 100 ml naturreiner Apfelsaft, 1 EL weißer Aceto balsamico, 1 EL Sonnenblumenöl, Meersalz, 1 Msp. Cayennepfeffer, 3 EL gehackte glatte Petersilie

1 Salat putzen, waschen, zerpflücken und abtropfen lassen. Paprikaschote halbieren, putzen, waschen und würfeln. Radieschen putzen, waschen, in Scheiben schneiden. Tomaten waschen, halbieren. Apfel waschen, vierteln, entkernen, fein würfeln und mit Zitronensaft beträufeln. Alles mischen.

2 Den Käse klein würfeln, mit dem Mais unter den Salat mischen. Für das Dressing Apfelsaft mit Essig, Öl, Salz und Cayennepfeffer verrühren. Den Salat damit anmachen und mit der Petersilie bestreuen.

Ziegenfrischkäse mit Erdbeeren

Zubereitungszeit: 15 Min.
Für 2 Personen (pro Portion ca. 270 kcal)

1 Kopf Friséesalat, 1 EL Zitronensaft, 1 Zweig Minze, 200 g Erdbeeren, 120 g Ziegenfrischkäse (z. B. Chavroux), 2 EL gehackte Mandeln, 1 TL grüne Pfefferkörner

1 Salat putzen, waschen, abtropfen lassen, auf eine Platte legen und mit Zitronensaft beträufeln. Minze fein hacken. Erdbeeren putzen, waschen, abtropfen lassen, klein schneiden.

2 Ziegenfrischkäse in den Mandeln wenden und auf dem Salat anrichten. Minze und Pfefferkörner darüber streuen. Mit Erdbeeren garnieren.

➤ *Friséesalat und Minze in einen Gefrierbeutel mit Reißverschluss, die geputzten Erdbeeren in ein Schraubglas geben und den Käse in Folie wickeln. Beeren erst am Arbeitsplatz zerkleinern. Wie oben beschrieben anrichten und zum Schluss mit Zitronensaft beträufeln.*

Radicchio mit Tofu

Zubereitungszeit: 15 Min.
Marinierzeit: 2 Std.
Für 2 Personen (pro Portion ca. 265 kcal)

1 Zwiebel, 1–2 Knoblauchzehen, 12 schwarze Oliven (ohne Stein), 100 g Schafkäse, 180 g Buttermilch, 2 TL Obstessig, 2 TL Olivenöl, 2 TL getrockneter Thymian, Pfeffer, 100 g Tofu, 1 Radicchio, 50 g Feldsalat

1 Zwiebel und Knoblauch schälen, beides fein hacken. Oliven in Scheiben schneiden. Schafkäse mit Buttermilch, Essig, Öl und Thymian pürieren. Zwiebel und Knoblauch unterrühren, mit Pfeffer würzen. Den Tofu abtropfen lassen, würfeln und in der Marinade abgedeckt im Kühlschrank 2 Std. ziehen lassen.

2 Salat putzen, waschen, zerpflücken, abtropfen lassen und anrichten. Tofu mit der Marinade auf dem Salat verteilen und mit Oliven garnieren.

➤ *Geputzten Salat in einem Gefrierbeutel, Dressing in ein Schraubglas, Olivenscheiben in eine kleine Kunststoffbox mit Deckel geben.*

Sellerie-Eier-Salat

Zubereitungszeit: 35 Min.
Für 2 Personen (pro Portion ca. 435 kcal)

4 Eier, 1 kleiner Knollensellerie (etwa 400 g), 1/2 Ananas, 1 großer säuerlicher Apfel, 1 EL Zitronensaft, 125 g Joghurt, 1 TL Senf, 1 TL Honig, 1 EL Mayonnaise, 2 TL Currypulver, Meersalz, 1/2 Kästchen Kresse

1 Eier in 10–12 Min. hart kochen, kalt abschrecken und pellen. Sellerie waschen, mit Schale in 25 Min. garen, abgießen und abkühlen lassen.

2 Ananas schälen und würfeln. Mit 50 ml Wasser aufkochen und abkühlen lassen. Ananassud beiseite stellen. Apfel waschen, vierteln, entkernen und würfeln. Mit Zitronensaft beträufeln. Sellerie schälen, grob raspeln. Zutaten mischen.

3 2 Eier würfeln. Joghurt mit Senf, Honig, Mayonnaise und Ananassud verrühren. Mit Curry und Salz würzen. Eier untermischen. Salat mit dem Dressing anmachen und anrichten. Die übrigen Eier vierteln. Kresse waschen, vom Beet schneiden. Den Salat mit Eiern und Kresse garnieren.

Reissalat mit Schinken

Zubereitungszeit: 35 Min.
Einweichzeit: 1 Std.
Für 2 Personen (pro Portion ca. 550 kcal)

3 getrocknete Aprikosen, 120 g Wildreismischung, 150 ml Gemüsebrühe, 100 g TK-Erbsen, 2 EL Pinienkerne, 1 rote Paprikaschote, 1 Zwiebel, 70 g roher Rinderschinken, 2 EL Sahne, 1 EL Obstessig, 1 TL Sonnenblumenöl, Meersalz

1 Aprikosen sehr klein schneiden, mit etwas Wasser bedecken und 1 Std. einweichen.

2 Reis mit Wasser bedecken und zugedeckt bei schwacher Hitze in 25 Min. garen. Abgießen und abkühlen lassen.

3 Brühe zum Kochen bringen, die unaufgetauten Erbsen zugeben und zugedeckt bei schwacher Hitze 10 Min. köcheln lassen. 5 EL Brühe abnehmen und beiseite stellen. Pinienkerne rösten.

4 Paprikaschote halbieren, putzen, waschen und klein würfeln. Zwiebel schälen und fein würfeln. Schinken in schmale Streifen schneiden.

5 Paprikawürfel, Zwiebel, Schinken, Erbsen, Aprikosen und Reis mischen. Das Einweichwasser der Aprikosen mit der beiseite gestellten Brühe, Sahne, Essig, Öl und Salz verrühren. Den Salat damit anmachen und mit den Pinienkernen bestreuen.

➤ *Aprikosen über Nacht einweichen. Reis und Erbsen am Vorabend vorkochen. Den Salat in einer verschließbaren Plastikdose transportieren. Kurz vor dem Essen mit Pinienkernen bestreuen.*

➤ *Pinienkerne können Sie nach Belieben durch Mandelstifte ersetzen.*

Dinkelsalat mit Bohnen

Zubereitungszeit: 25 Min.
Quellzeit: über Nacht
Für 2 Personen (pro Portion ca. 480 kcal)

120 g Dinkel, 300 g grüne Bohnen, Meersalz, 1 Zweig Bohnenkraut, 250 g Tomaten, 1/2 Bund Petersilie, 1 Zwiebel, 1 1/2 EL Obstessig, 150 g Joghurt, 1 EL Olivenöl, Pfeffer und Salz, 100 g Schafkäse, 10 schwarze Oliven (ohne Stein)

1 Dinkel knapp mit Wasser bedeckt über Nacht quellen lassen. Am nächsten Tag den Dinkel mit dem Einweichwasser zum Kochen bringen und bei schwacher Hitze in 30 Min. garen.

2 Bohnen waschen, putzen und in etwa 3 cm lange Stücke schneiden. In wenig leicht gesalzenem Wasser mit Bohnenkraut zum Kochen bringen und in 15 Min. bissfest garen. Herausnehmen, kalt abschrecken und abkühlen lassen.

3 Tomaten waschen, von den Stielansätzen befreien und in Würfel schneiden. Den Dinkel abgießen und abtropfen lassen, mit den Bohnen und Tomaten mischen.

4 Für das Dressing Petersilie waschen, trockenschütteln und fein hacken. Zwiebel schälen und fein würfeln. Essig mit Joghurt, Öl, Pfeffer und Salz verrühren. Petersilie und Zwiebelwürfel unterrühren. Den Dinkelsalat damit anmachen. Schafkäse in kleine Würfel schneiden. Den Salat mit Käse und Oliven garnieren.

➤ *Den Salat am Vorabend zubereiten und in eine fest verschließbare Box geben. Die gewaschenen Tomaten in einen Frühstücksbeutel verpacken, erst am Arbeitsplatz aufschneiden und unter den Salat mischen. Statt Schafkäse können Sie kleine Schinkenwürfel über den Salat streuen.*

Bulgursalat mit Salami

Zubereitungszeit: 25 Min.
Für 2 Personen (pro Portion ca. 720 kcal)

150 g Bulgur, Meersalz, 2 Tomaten, 100 g Rindersalami, 1 Zwiebel, 1 Knoblauchzehe, 1 Zucchino, 2 EL Olivenöl, 100 g Maiskörner (tiefgekühlt), 1 Zweig Basilikum, 1 EL Obstessig, Pfeffer, Salz

1 Bulgur in 1/2 l kochendes Salzwasser geben. Zugedeckt 15 Min. quellen lassen, bis das Wasser aufgesogen ist. Bulgur beiseite stellen und abkühlen lassen.

2 Tomaten waschen, ohne Stielansätze klein würfeln. Salami in Streifen schneiden. Zwiebel und Knoblauch schälen, beides fein würfeln. Zucchino waschen, putzen und klein würfeln.

3 1 EL Öl erhitzen. Zwiebel und Knoblauch darin bei schwacher Hitze glasig werden lassen. Zucchiniwürfel zufügen und unter Rühren 5 Min. braten, dann abkühlen lassen. Tomaten, Salami, unaufgetauten Mais und Bulgur untermischen.

4 Basilikum waschen, trockenschütteln und die Blättchen abzupfen. Das restliche Öl mit Essig und 3 EL Wasser verrühren, pfeffern und salzen. Salat damit anmachen, mit Basilikum garnieren.

➤ *Den Salat am Vorabend zubereiten und in eine verschließbare Box geben. Die gewaschenen Tomaten in einem Frühstücksbeutel verpacken, erst am Arbeitsplatz aufschneiden und unter den Salat mischen. Statt Salami eventuell Schafkäse verwenden.*

1 Reissalat mit Schinken
2 Dinkelsalat mit Bohnen
3 Bulgursalat mit Salami

Kartoffelsalat mit Kürbiskernen

Zubereitungszeit: 35 Min.
Für 2 Personen (pro Portion ca. 315 kcal)

400 g kleine Kartoffeln, 2 Lorbeerblätter, 2 EL Kürbiskerne, 1 EL Kürbiskernöl, 1 mürber Apfel, 1 Bund Radieschen, 1 kleine grüne Paprikaschote, 3 Zweige glatte Petersilie, 6 Kirschtomaten, 2 EL saure Sahne, 80 g Joghurt, 60 ml Gemüsebrühe, 1 EL Obstessig, Pfeffer, Meersalz

1 Kartoffeln mit Schale und Lorbeerblättern zum Kochen bringen und in 25 Min. garen. Abgießen, pellen und in dünne Scheiben schneiden.

2 Kürbiskerne grob hacken. Öl in einer beschichteten Pfanne erhitzen. Kürbiskerne darin goldbraun rösten und beiseite stellen.

3 Apfel waschen, vierteln, entkernen und die Viertel in feine Würfel schneiden. Radieschen putzen, waschen und in dünne Scheiben schneiden. Paprikaschote halbieren, putzen, waschen und in schmale Streifen schneiden. Apfel, Radieschen und Paprikastreifen mit den Kartoffeln mischen.

4 Petersilie waschen, trockenschütteln und grob hacken. Tomaten waschen und halbieren. Saure Sahne mit Joghurt, Brühe, Essig, Petersilie, Pfeffer und Salz mit dem Pürierstab pürieren. Das Dressing zu den Kartoffeln geben und untermischen. Den Salat mit Tomaten und Kürbiskernen garnieren.

➤ *Kartoffelsalat am Vorabend zubereiten und in einer fest verschließbaren Schüssel kalt stellen. Kirschtomaten erst am Arbeitsplatz aufschneiden.*

Nudelsalat mit Mozzarella und Oliven

Zubereitungszeit: 25 Min.
Für 2 Personen (pro Portion ca. 785 kcal)

160 g Nudeln (z. B. Spiralen), Meersalz, 100 g Champignons, 1 EL Olivenöl, 1/2 TL getrockneter Oregano, 1 grüne Paprikaschote, 6 Kirschtomaten, 125 g Mozzarella (ersatzweise Asiago Pressato), 80 g Mais (aus der Dose), 1/2 Bund Basilikum, 150 g Naturjoghurt, 1 EL Mayonnaise, 1 TL Senf, 1 EL Apfelessig, Kräutersalz, 10 schwarze Oliven

1 Nudeln in reichlich Salzwasser nach Packungsangaben bissfest garen, dann abgießen und abtropfen lassen, dabei 1/4 Tasse Kochwasser auffangen und beiseite stellen.

2 Champignons putzen, eventuell abreiben und in Scheiben schneiden. Öl in einer beschichteten Pfanne erhitzen. Die Champignons darin bei starker Hitze unter Rühren in 3–4 Min. braun braten. Mit Oregano und Salz würzen und abkühlen lassen.

3 Paprikaschote halbieren, putzen, waschen und klein würfeln. Tomaten waschen und halbieren. Mozzarella abtropfen lassen und in sehr kleine Würfel schneiden. Mais abtropfen lassen. Champignons, Paprikawürfel, Mais, Tomaten und Käse mit den Nudeln mischen.

4 Basilikum waschen, trockenschütteln und bis auf einige Blättchen klein schneiden. Für das Dressing Joghurt mit Mayonnaise, Nudelwasser, Senf, Essig, Kräutersalz und Basilikum verrühren. Mit dem Nudelsalat mischen. Mit Oliven und restlichem Basilikum garnieren.

Grüner Nudelsalat mit Majoran

Zubereitungszeit: 25 Min.
Für 2 Personen (pro Portion ca. 665 kcal)

200 g Erbsen (tiefgekühlt), Meersalz, 160 g grüne Nudeln, 1 kleine Knoblauchzehe, 2 Zweige Majoran, 80 g Rindersalami, 80 g Sahne, 1 EL Obstessig, Pfeffer aus der Mühle, 2 EL gehackte Petersilie, 1 EL gehackte Pistazien

1 Erbsen in wenig Salzwasser 10 Min. kochen lassen. Herausnehmen und abkühlen lassen. Das Kochwasser beiseite stellen. Die Nudeln in reichlich Salzwasser nach Packungsangaben bissfest garen. Abgießen und abtropfen lassen.

2 Knoblauch schälen. Majoran waschen, trockenschütteln, die Blättchen von den Stielen zupfen und fein hacken. Salami in dünne Streifen schneiden.

3 Für das Dressing Sahne mit 50 ml Erbsenkochwasser verrühren. Knoblauch dazupressen, mit Majoran, Salami und Essig unterrühren. Mit Salz und Pfeffer würzen. Erbsen mit den Nudeln mischen und den Salat mit dem Dressing anmachen. Mit Petersilie und Pistazien bestreuen.

➤ *Knoblauch nach Belieben weglassen.*

1 *Kartoffelsalat mit Kürbiskernen*
2 *Nudelsalat mit Mozzarella und Oliven*
3 *Grüner Nudelsalat mit Majoran*

1

2

3

Gemüsecarpaccio

Zubereitungszeit: 35 Min.
Für 2 Personen (pro Portion ca. 150 kcal)

2 Rote Beten, 100 g Champignons, 3 Zweige Petersilie, 1 EL Olivenöl, 2 EL Zitronensaft, 1 EL Himbeeressig, 1 TL Agavendicksaft, Meersalz, Pfeffer, 3 EL frisch gehobelter Parmesan

1 Rote Beten waschen, putzen und mit Schale in 25 Min. garen. Abgießen, etwas abkühlen lassen, schälen und in dünne Scheiben hobeln.

2 Champignons putzen, eventuell abreiben, in dünne Scheiben schneiden und mit den Roten Beten auf einer Platte anrichten. Petersilie waschen, trockenschütteln und fein hacken.

3 Öl mit Zitronensaft, Essig, Agavendicksaft, Salz und Pfeffer verrühren und über das Carpaccio träufeln. Mit Petersilie und Parmesan bestreuen.

➤ *Wenn es schnell gehen muss, Rote Bete aus der Folie nehmen. Champignons und Rote Beten getrennt in Plastikboxen geben. Dressing im Schraubglas, Parmesan in Folie mitnehmen.*

Rohkost mit Käsedip

Zubereitungszeit: 20 Min.
Für 2 Personen (pro Portion ca. 280 kcal)

2 rote Paprikaschoten, 1 kleine Gurke, 3 Stangen Staudensellerie, 80 g Brokkoliröschen, 5 Zweige Petersilie, 50 g saure Sahne, 250 g Naturjoghurt, 100 g Schafkäse, Kräutersalz

1 Paprikaschoten halbieren, putzen, waschen und in etwa 1 cm breite Streifen schneiden. Gurke schälen, längs halbieren, entkernen und in fingerdicke etwa 10 cm lange Stifte schneiden. Staudensellerie waschen, putzen und in 10 cm lange Stücke schneiden. Gemüse anrichten.

2 Brokkoliröschen putzen und waschen. Petersilie waschen, trockenschütteln und die Blättchen abzupfen. Brokkoli und Petersilie mit Sahne, Joghurt, Schafkäse und Kräutersalz pürieren. Gemüsestifte mit Käsedip servieren.

➤ *Gemüse und Dip getrennt voneinander in gut verschließbare Kunststoffbehälter verpacken. Nach Belieben ein Vollkornbrötchen dazu essen. Dann wird daraus eine Kohlenhydratmahlzeit.*

Marinierte Zucchini

Zubereitungszeit: 15 Min.
Für 2 Personen (pro Portion ca. 175 kcal)

500 g Zucchini, 3 EL Olivenöl, 2 Knoblauchzehen, 2 EL Aceto balsamico, Pfeffer, Meersalz, 1 TL getrockneter Thymian

1 Zucchini waschen, putzen und längs in dünne Scheiben schneiden. 2 EL Öl in einer beschichteten Pfanne erhitzen und die Zucchini darin bei mittlerer Hitze von beiden Seiten 5 Min. braten.

2 Knoblauch schälen und fein hacken. Essig mit restlichem Öl, Knoblauch, Pfeffer, Salz, Thymian und 2 EL Wasser verrühren. Zucchinischeiben auf zwei Teller geben, abkühlen lassen und mit der Marinade beträufeln.

➤ *Zucchini am Vorabend zubereiten und in einer verschließbaren Plastikdose kalt stellen. Dazu schmecken Ziegenkäse oder kleine Frikadellen.*

➤ *Wenn Sie statt Aceto balsamico Obstessig verwenden, wird das Gericht neutral. Dann können Sie deftiges Vollkornbrot dazuessen.*

Schafkäsetatar

Zubereitungszeit: 15 Min.
Für 2 Personen (pro Portion ca. 230 kcal)

1 grüne Paprikaschote, 3 Tomaten, 1 Zwiebel, 4 Zweige Petersilie, 120 g Schafkäse, 2 EL weißer Aceto balsamico, 1 EL Olivenöl, 1 TL getrockneter Thymian, Pfeffer, Salz, 10 schwarze Oliven

1 Paprikaschote halbieren, putzen, waschen und klein würfeln. Tomaten waschen, von den Stielansätzen befreien und in kleine Würfel schneiden. Zwiebel schälen und in dünne Scheiben schneiden. Petersilie waschen, trockenschütteln und fein hacken.

2 Schafkäse grob zerbröseln. Mit Gemüse und Petersilie mischen. Essig, Öl, 3 EL Wasser, Thymian, Pfeffer und Salz verrühren und untermischen. Mit Oliven garnieren.

➤ *In einer fest verschließbaren Plastikdose an den Arbeitplatz mitnehmen.*

Frikadellen mit scharfem Dip

Zubereitungszeit: 35 Min.
Für 2 Personen (pro Portion ca. 480 kcal)

4 reife Tomaten, 2 Zwiebeln, 1 Knoblauchzehe, 1 TL Olivenöl, 2 EL Tomatenmark, je 1 Zweig Thymian und Oregano, 1 TL Paprikapulver, 1 TL Sambal oelek, 1 Möhre, 1 Zweig Majoran, 300 g Rinderhackfleisch, Meersalz, Pfeffer, 2 gelbe Paprikaschoten

1 Die Stielansätze der Tomaten entfernen. Tomaten überbrühen, häuten und würfeln. Zwiebeln und Knoblauch schälen, beides fein würfeln.

2 Öl erhitzen. Die Hälfte der Zwiebeln und Knoblauchwürfel darin bei schwacher Hitze glasig werden lassen. Tomatenstücke und Tomatenmark zufügen, mit den Kräutern, Paprikapulver und Sambal oelek würzen. Zugedeckt bei schwacher Hitze etwa 10 Min. köcheln lassen. Kräuter entfernen und die Tomatenmischung pürieren.

3 Möhre putzen, schälen und fein raspeln. Majoran waschen, trockenschütteln, die Blättchen von den Stielen zupfen und fein hacken. Restliche Zwiebel, Möhre und Majoran mit dem Hackfleisch mischen. Mit Salz und Pfeffer würzen. Aus dem Fleischteig 4 Frikadellen formen.

4 Frikadellen in einer beschichteten Pfanne in 8–10 Min. von jeder Seite braun braten. Paprikaschoten halbieren, putzen, waschen und in Streifen schneiden. Mit Frikadellen und Dip servieren.

➤ *Zum Mitnehmen Frikadellen kalt in einen verschließbaren Kunststoffbehälter und den Dip in ein Schraubglas geben. Paprikastreifen in einem Gefrierbeutel mit Reißverschluss transportieren.*

Roastbeef mit Sellerie-Tomaten-Salsa

Zubereitungszeit: 15 Min.
Für 2 Personen (pro Portion ca. 190 kcal)

1 Salatgurke, 1 Stange Staudensellerie, 1 Fleischtomate, 1 Zwiebel, 2 EL Aceto balsamico, Pfeffer, Meersalz, 1 EL Olivenöl, 160 g Roastbeef in dünnen Scheiben, 3 EL gehackter Dill

1 Für die Salsa ein Drittel der Gurke schälen, halbieren und entkernen. Den Sellerie waschen, putzen und eventuelle Fäden abziehen. Tomate waschen, vom Stielansatz befreien, halbieren und die Kerne entfernen. Das Gemüse in sehr kleine Würfel schneiden. Die Zwiebel schälen und fein hacken. Gurke, Sellerie, Tomate und Zwiebelwürfel mischen.

2 Essig mit Pfeffer und Salz verrühren, das Öl unterschlagen. Mit dem Gemüse verrühren.

3 Roastbeefscheiben dekorativ auf zwei Teller legen und mit der Salsa beträufeln. Die restliche Gurke schälen, längs halbieren, entkernen und in fingerdicke etwa 10 cm lange Stifte schneiden. Leicht salzen, mit Dill bestreuen und mit dem Roastbeef servieren.

➤ *Roastbeefscheiben und Salsa getrennt voneinander verpacken. Gurkenstifte in eine verschließbare Plastikdose geben. Erst kurz vor dem Essen anrichten.*

➤ *Statt Roastbeef passen auch kurz gebratene Hähnchenschnitzel oder Frikadellen dazu.*

Pikante Hähnchenkeulchen

Zubereitungszeit: 15 Min.
Bratzeit: ca. 30 Min.
Für 2 Personen (pro Portion ca. 610 kcal)

4 kleine Hähnchenkeulen, 1 Zweig Rosmarin, 1 EL Olivenöl, 2 EL Ketchup, 1 TL Honig, 1 EL Worcestersauce, Meersalz, 1 TL Sambal oelek

1 Hähnchenkeulen kalt abwaschen und mit Küchenpapier trockentupfen. Den Backofen auf 220° vorheizen.

2 Für die Marinade die Rosmarinnadeln abzupfen und sehr fein hacken. Öl mit Ketchup, Honig, Worcestersauce, Salz und Sambal oelek verrühren. Die Hähnchenkeulen damit rundum einpinseln, in eine feuerfeste Form legen und im Backofen (Mitte, Umluft 200°) 30 Min. garen. Zum Mitnehmen auskühlen lassen.

➤ *In einer fest verschließbaren Plastikdose lassen sich die Hähnchenkeulen prima an den Arbeitsplatz mitnehmen. Dazu passt eine in Scheiben geschnittene Salatgurke oder ein Rohkostteller.*

1 

2 

3 

1 Frikadellen mit scharfem Dip
2 Roastbeef mit Sellerie-Tomaten-Salsa
3 Pikante Hähnchenkeulchen

Forellenfilet mit Apfel-Meerrettich

Zubereitungszeit: 20 Min.
Für 2 Personen (pro Portion ca. 330 kcal)

1 säuerlicher Apfel, 1 1/2 EL Zitronensaft, 2 EL Meerrettich (aus dem Glas), 2 EL Crème fraîche, Meersalz, 1 Friséesalat, 2 Stangen Staudensellerie, 1 EL Sonnenblumenöl, 4 geräucherte Forellenfilets

1 Für den Apfel-Meerrettich den Apfel waschen, vierteln und entkernen. Ein Viertel fein reiben, den Rest beiseite legen. Den geriebenen Apfel mit 1/2 EL Zitronensaft beträufeln, mit Meerrettich und Crème fraîche verrühren und leicht salzen.

2 Restlichen Apfel klein würfeln und sofort mit dem übrigen Zitronensaft beträufeln. Friséesalat putzen, waschen, mundgerecht zerpflücken und abtropfen lassen. Selleriestangen waschen, putzen, eventuelle Fäden abziehen und in dünne Scheiben schneiden.

3 Friséesalat mit Sellerie und Apfel mischen und auf einer Salatplatte anrichten. Mit Öl beträufeln und leicht salzen. Die Forellenfilets auf dem Salat anrichten und mit dem Apfel-Meerrettich servieren.

➤ *Apfel-Meerrettich und Salatzutaten getrennt in verschließbare Kunststoffbehälter, Zitronensaft, Öl und Salz in ein kleines Schraubglas geben. Die Forellenfilets in einer flachen Box mit Deckel mitnehmen.*

➤ *Statt Forellenfilets können Sie nach Belieben auch Matjesfilets, Makrele oder gebeizten Lachs verwenden.*

Lachsmousse

Zubereitungszeit: 30 Min.
Kühlzeit: 6–8 Std.
Für 2 Personen (pro Portion ca. 470 kcal)

3 Blatt Gelatine, 1 kleine Stange Lauch, 50 g Räucherlachs, 1/2 Bund Dill, 75 ml trockener Weißwein, Meersalz, 200 g Lachsfilet, 150 g Buttermilch, 50 g Sahne, 1–2 EL Meerrettich (aus dem Glas), 125 g Naturjoghurt, weißer Pfeffer, 1 mittelgroßer Rettich

1 Gelatine in kaltem Wasser einweichen. Lauch putzen, längs aufschneiden, gründlich waschen und in hauchdünne Streifen schneiden. Den geräucherten Lachs fein würfeln. Dill waschen, trockenschütteln, einige Zweige beiseite legen, den Rest fein hacken.

2 Wein mit 75 ml Wasser und Salz in einer flachen Pfanne aufkochen lassen. Lachsfilet zugeben und bei schwacher Hitze 10 Min. köcheln lassen. Den Lachs herausnehmen, mit 50 ml Fischsud und der Buttermilch fein pürieren.

3 Sahne steif schlagen. Lauch, Lachswürfel, Meerrettich, Joghurt und Sahne unter das Püree mischen. Mit Pfeffer und Salz würzen.

4 Gelatine ausdrücken und auflösen, tropfenweise unter die Mousse rühren. Die Masse in eine Glasform geben, mit Dillzweigen garnieren und über Nacht im Kühlschrank fest werden lassen. Den Rettich schälen, in feine Scheibchen hobeln, salzen und 10 Min. ziehen lassen. Mit der Lachsmousse servieren.

➤ *Die Mousse statt in eine Glasschüssel in eine verschließbare flache Box füllen und über Nacht kalt stellen. Rettichscheiben in eine verschließbare Plastikdose geben. Kurz vor dem Essen anrichten.*

Garnelencocktail

Zubereitungszeit: 20 Min.
Für 2 Personen (pro Portion ca. 220 kcal)

1 kleiner Kopfsalat, 1 EL Zitronensaft, 3 Mandarinen, 150 g Naturjoghurt, 3 EL saure Sahne, 1 EL Ketchup, Meersalz, 200 g gegarte geschälte Garnelen, 4 kleine Zweige Dill

1 Den Salat putzen, waschen und abtropfen lassen. Die größeren Blätter auf zwei flachen Tellern fächerförmig auslegen und mit Zitronensaft beträufeln. Die kleineren Blätter in schmale Streifen schneiden.

2 Den Saft von 1 Mandarine auspressen. Die übrigen Mandarinen schälen und in kleine Stücke schneiden. Die Garnelen waschen und abtropfen lassen. Dill waschen und trockenschütteln.

3 Für das Dressing Mandarinensaft mit Joghurt, saurer Sahne und Ketchup verrühren und leicht salzen. Mit Salatstreifen und Mandarinenstückchen mischen und die Garnelen unterheben. Mit Dill garniert servieren.

➤ *Den Salat in einem Gefrierbeutel mit Reißverschluss transportieren. Garnelencocktail in eine fest verschließbare Plastikdose geben. Am Arbeitsplatz gut gekühlt auf dem Salat anrichten.*

1

2

3

1 Forellenfilet mit Apfel-Meerrettich
2 Lachsmousse
3 Garnelencocktail

Marinierter Tofu auf Rettichcarpaccio

Zubereitungszeit: 25 Min.
Für 2 Personen (pro Portion ca. 310 kcal)

1 Knoblauchzehe, Meersalz, 1 EL Sesamsamen, 1 TL getrockneter Oregano, 3 EL Sesamöl, 1 TL Sambal oelek, 120 g Tofu, 1 kleiner Rettich (etwa 200 g), 1 kleiner Fenchel, 1 EL Zitronensaft, 1 TL Frutilose, Pfeffer, 3 EL frisch gehobelter Parmesan, 3 EL Kresse

1 Knoblauch schälen und grob hacken. Mit Salz, Sesamsamen und Oregano im Mörser zu einer groben Paste zerreiben. 2 EL Öl und Sambal oelek unterrühren. Tofu in kleine Würfel schneiden und darin 10 Min. ziehen lassen.

2 Rettich putzen, schälen und längs in dünne Scheiben hobeln. Fenchel putzen, halbieren und den mittleren Strunk keilförmig herausschneiden. Die Hälften in hauchdünne Streifen schneiden. Den Rettich fächerartig auf zwei Teller schichten, den Fenchel in die Mitte geben.

3 Für das Dressing das restliche Öl mit Zitronensaft, Frutilose, Salz und Pfeffer kräftig verschlagen und über das Carpaccio träufeln. Mit der Hälfte des Parmesans bestreuen.

4 Den Tofu mit der Marinade auf ein Stück Alufolie geben und mit dem restlichen Parmesan bestreuen. Im Grill 10 Min. erhitzen. Auf dem Rettichcarpaccio anrichten und mit Kresse garnieren.

➤ *Tofu, Rettich- und Fenchelscheiben getrennt in Kunststoffbehälter und das Dressing in ein kleines Schraubglas füllen. Am Arbeitsplatz wie beschrieben anrichten. Den marinierten Tofu kalt auf das Carpaccio geben.*

Eierwürfel auf Salatbett

Zubereitungszeit: 25 Min.
Für 2 Personen (pro Portion ca. 365 kcal)

4 Eier, 200 g grüne Bohnen, Meersalz, 1 Zweig Bohnenkraut, 1 kleine Salatgurke, 30 g Feldsalat, 2 Tomaten, 1 Bund Radieschen, 1 Zwiebel, 150 g Naturjoghurt, 1 EL Mayonnaise, 1 EL Himbeeressig, 1 TL Senf, Pfeffer, Kräutersalz, 1 TL edelsüßes Paprikapulver

1 Eier in 10–12 Min. hart kochen, kalt abschrecken und pellen.

2 Bohnen waschen, putzen und in etwa 3 cm lange Stücke schneiden. In wenig leicht gesalzenem Wasser mit Bohnenkraut in 12 Min. bissfest garen. Herausnehmen, kalt abschrecken und abkühlen lassen.

3 Gurke schälen, längs achteln und in kleine Stücke schneiden. Feldsalat putzen, waschen, abtropfen lassen. Tomaten waschen und ohne Stielansätze achteln. Radieschen putzen, waschen und in Scheiben schneiden. Bohnen, Gurke, Feldsalat, Tomaten und Radieschen auf einer Platte dekorativ anrichten.

4 Für das Dressing die Zwiebel schälen und fein hacken. Joghurt mit Mayonnaise, Essig, Senf, Pfeffer, Salz und Zwiebelwürfel verrühren und auf dem Salat verteilen. Eier in kleine Würfel schneiden, mit Pfeffer und Salz würzen und über den Salat streuen. Mit Paprikapulver bestäuben.

➤ *Die gekochten Eier mit Schale in eine Eierbox, den Feldsalat in einen Gefrierbeutel mit Reißverschluss und die Rohkost mit dem Dressing in einen verschließbaren Kunststoffbehälter geben. Erst am Arbeitsplatz Feldsalat untermischen, die Eier pellen, zerkleinern und auf den Salat geben.*

Käsesalat mit Trauben und Birne

Zubereitungszeit: 15 Min.
Für 2 Personen (pro Portion ca. 320 kcal)

1 rote Zwiebel, 1 Bund Radieschen, 1 grüne Paprikaschote, 100 g grüne Trauben, 1 Birne, 2 EL Zitronensaft, 120 g Tilsiter Käse, 1/2 Bund glatte Petersilie, 5 EL trockener Roséwein, 1 EL Sonnenblumenöl, weißer Pfeffer, Meersalz, 1 Msp. Knoblauchpulver

1 Zwiebel schälen und in dünne Ringe schneiden. Radieschen putzen, waschen und fein stifteln. Paprikaschote halbieren, putzen, waschen und in Würfel schneiden. Trauben halbieren und entkernen. Birne waschen, vierteln, entkernen und in kleine Würfel schneiden. Mit 1 EL Zitronensaft beträufeln.

2 Käse in schmale Streifen schneiden. Mit Zwiebel, Paprikaschote, Trauben und Birne in einer Schüssel mischen. Petersilie waschen, trockenschütteln und fein hacken.

3 Für das Dressing restlichen Zitronensaft mit Wein, Öl, Pfeffer, Salz und Knoblauchpulver verrühren. Mit dem Salat vermischen und die Petersilie darüber streuen. Gut gekühlt servieren.

➤ *Zum Mitnehmen den Käsesalat in einen gut verschließbaren Kunststoffbehälter geben.*

1

2

3

1 Marinierter Tofu auf Rettichcarpaccio
2 Eierwürfel auf Salatbett
3 Käsesalat mit Trauben und Birne

Salami-Sauerkraut-Wraps

Zubereitungszeit: 20 Min.
Für 2 Wraps (pro Wrap ca. 350 kcal)

50 g feines Weizenvollkornmehl, 1 TL Backpulver, 1 kleines Eigelb, Meersalz, 1 EL Olivenöl, 1 grüne Paprikaschote, 40 g luftgetrocknete Rindersalami, 100 g Sauerkraut, 2 EL Crème fraîche, 60 g Naturjoghurt, Pfeffer, 1/2 TL Sambal oelek

1 Für den Teig Weizenmehl mit Backpulver mischen, mit Eigelb, Salz, Öl und 75 ml Wasser glatt verrühren. Aus dem Teig in einer beschichteten Pfanne von 18–20 cm Ø ohne Fett bei starker Hitze nacheinander 2 Fladen backen.

2 Paprikaschote halbieren, putzen, waschen und in schmale Streifen schneiden.

3 Für die Füllung Salami klein würfeln, Sauerkraut ausdrücken und klein schneiden. Crème fraîche mit Joghurt glatt verrühren, mit Salz, Pfeffer und Sambal oelek würzen. Salami und Sauerkraut untermischen.

4 Die Füllung auf den Fladen gleichmäßig verteilen, dabei jeweils einen Rand von etwa 2 cm frei lassen. Die Wraps eng aufrollen, in der Mitte schräg durchschneiden und mit den Paprikastreifen servieren.

➤ *Statt Salami können Sie auch rohen Rinderschinken verwenden.*

➤ *Fladen und Füllung am Vorabend zubereiten. Die abgekühlten Fladen zwischen zwei Schichten Klarsichtfolie legen und eng aufwickeln. Füllung, Fladen und Paprikastreifen getrennt in Plastikboxen verpacken. Am Arbeitsplatz die Fladen füllen und mit Paprikastreifen servieren.*

Pitatasche

Zubereitungszeit: 20 Min.
Ruhezeit: 40 Min.
Backzeit: ca. 25 Min.
Zutaten für 2 Stück (pro Stück ca. 720 kcal)

20 g Hefe, 130 g feines Dinkelvollkornmehl, 1/2 TL Honig, 4 EL Buttermilch, 1 großes Eigelb, 1 EL Sonnenblumenöl, Meersalz, 1 TL Kümmel, 2 EL Sesamsamen, 1 Staude Chicorée, 8 schwarze Oliven (ohne Stein), 1 Tomate, 1/2 Bund Schnittlauch, 80 g Appenzeller, Salz, Pfeffer, 80 g Frischkäse, 3 EL Mineralwasser, edelsüßes Paprikapulver, Butter fürs Blech

1 Hefe in 50 ml lauwarmem Wasser auflösen. Mit 3 EL Mehl und Honig verrühren. Zugedeckt 20 Min gehen lassen. Blech einfetten. Restliches Mehl, Buttermilch, 1/2 Eigelb, Öl, Salz und Kümmel unter den Vorteig kneten. Mit bemehlten Händen daraus zwei Kugeln formen, auf das Blech geben und zugedeckt 20 Min. gehen lassen. Den Backofen auf 220° vorheizen.

2 Das restliche Eigelb mit 1 EL Wasser verquirlen. Teig mit Eigelb bestreichen, mit Sesam bestreuen. Im Backofen (Mitte, Umluft 200°) 20 Min. backen. Abkühlen lassen.

3 Chicorée waschen, putzen, halbieren, die Hälften in Streifen schneiden. Oliven in Scheiben schneiden. Tomate waschen, in Scheiben schneiden. Schnittlauch waschen, in Röllchen schneiden. Appenzeller in Streifen schneiden.

4 Fladen einschneiden. Mit Chicorée, Oliven, Tomate und Käse füllen, salzen und pfeffern. Frischkäse mit Mineralwasser, Salz und Paprikapulver verrühren, Schnittlauch untermischen. Frischkäsesauce in die Pitataschen füllen, zusammenklappen und servieren.

Fladenbrotsandwich

Zubereitungszeit: 15 Min.
Für Personen (pro Portion ca. 470 kcal)

1 Zwiebel, je 1 rote und grüne Paprikaschote, 1 EL Olivenöl, Kräutersalz, Pfeffer, 1 TL getrockneter Majoran, 1 EL Mayonnaise, 4 EL Naturjoghurt, Meersalz, 4 Salatblätter, 1 kleines Fladenbrot, 2 Scheiben Appenzeller

1 Zwiebel schälen und in dünne Ringe schneiden. Paprikaschoten halbieren, putzen, waschen und in feine Streifen schneiden.

2 Öl in einer Pfanne erhitzen. Zwiebelringe und die roten Paprikastreifen darin 10 Min. braten. Mit Salz, Pfeffer und Majoran würzen.

3 Mayonnaise mit Joghurt verrühren, mit Salz würzen. Salat waschen und trockenschütteln. Fladenbrot so einschneiden, dass eine Tasche entsteht, oder quer halbieren. Mit Mayonnaise bestreichen, mit Salat, Zwiebel und roten Paprikastreifen belegen. Käse in dünne Streifen schneiden und gleichmäßig darauf verteilen. Mit grünen Paprikastreifen servieren.

➤ *Zwiebelspalten und Paprikastreifen in einer verschließbaren Box mitnehmen. Die übrigen Zutaten getrennt verpacken. Erst am Arbeitsplatz das Fladenbrot einschneiden, mit Mayonnaise bestreichen und belegen.*

1 Salami-Sauerkraut-Wraps
2 Pitatasche
3 Fladenbrotsandwich

Dinkelpirogge

Zubereitungszeit: 20 Min.
Ruhezeit: 40 Min.
Backzeit: ca. 35 Min.
Für 2 Personen (pro Portion ca. 390 kcal)

20 g Hefe, 100 g feines Vollkorndinkelmehl, Meersalz, 1 EL Sonnenblumenöl, 1 Zwiebel, 1 Paprikaschote, 40 g Cambozola Käse, 1 TL Sonnenblumenöl, Pfeffer, 1 TL Sambal oelek, 1 kleines Eigelb

1 Die Hefe in 70 ml warmem Wasser auflösen und mit der Hälfte des Mehls zu einem Vorteig verrühren. Zugedeckt etwa 20 Min. gehen lassen. Das restliche Mehl, Salz und Öl zugeben und alles verkneten. Den Teig zwischen 2 Lagen Klarsichtfolie zu einem Rechteck von 25 x 30 cm ausrollen und 20 Min. gehen lassen.

2 Zwiebel schälen, halbieren und in dünne Streifen schneiden. Paprikaschote halbieren, putzen, waschen, in Würfel schneiden. Käse würfeln.

3 Öl erhitzen. Zwiebel darin bei schwacher Hitze glasig werden lassen. Paprikawürfel zugeben und darin 5 Min. unter Rühren braten. Mit Pfeffer, Salz und Sambal oelek würzen. Den Backofen auf 200° vorheizen.

4 Die obere Folie entfernen. Paprikaschote und Käse auf eine Hälfte des Teiges streichen. Die andere Teighälfte mit Hilfe der Folie über das Gemüse klappen. Die Ränder mit einer Gabel festdrücken. Die Pirogge vorsichtig mit der Folie auf ein mit Backpapier ausgelegtes Backblech geben, dann die Folie entfernen.

5 Eigelb mit 2 EL Wasser verquirlen, Pirogge damit bestreichen. Im Ofen (Mitte, Umluft 175°) 35 Min. backen. Abkühlen lassen.

➤ *Die Pirogge schmeckt auch kalt und kann am Vortag zubereitet werden. In Folie eingepackt und gut gekühlt, hält sie sich 1–2 Tage frisch.*

Käsestangen

Zubereitungszeit: 10 Min.
Backzeit: 18 Min.
Für 20 Stangen (pro Stange ca. 80 kcal)

150 g feines Weizenvollkornmehl, 100 g Butter, 80 g Naturjoghurt, Meersalz, 80 g geriebener Käse (z. B. Raclette, Beaufort oder Greyerzer), 2 EL Kümmel, Butter für die Form

1 Mehl mit Butter, Joghurt, Salz und Käse zu einem geschmeidigen Teig verkneten.

2 Den Backofen auf 200° vorheizen. Das Backblech einfetten. Den Teig in 20 gleich große Stücke teilen, diese zu etwa 10 cm langen Stangen formen und im Kümmel wälzen.

3 Die Stangen auf das Blech legen und im Backofen (Mitte, Umluft 175°) 20 Min. backen.

➤ *Die Käsestangen sind eine ideale herzhafte Nascherei am Arbeitsplatz. In einer verschließbaren Keksdose kühl aufbewahrt, halten sie sich 1 Woche frisch.*

Zwiebelkuchen

Zubereitungszeit: 25 Min.
Zeit zum Gehen: 40 Min.
Backzeit: 35 Min.
Für 1 Springform von 26 cm Ø
(pro Stück ca. 165 kcal)

25 g frische Hefe, 200 g feines Dinkelvollkornmehl, Meersalz, 1 TL Sonnenblumenöl, 750 g Zwiebeln, 2 EL Sonnenblumenöl, 100 g Sahne, 2 Eigelbe, 100 g Greyerzer, 1 TL Kräutersalz, frisch geriebene Muskatnuss, 1 Msp. Cayennepfeffer, etwas Butter für die Form

1 Hefe in 130 ml warmem Wasser auflösen und mit der Hälfte des Mehls verrühren. Zugedeckt etwa 20 Min. gehen lassen. Die Form einfetten.

2 Mit dem restlichen Mehl, Salz und Öl verkneten. Den Teig in die Form geben, dabei einen kleinen Rand hochziehen. Den Teig zugedeckt 20 Min. gehen lassen.

3 Zwiebeln schälen, in feine Ringe schneiden. Öl erhitzen, Zwiebelringe darin bei schwacher Hitze glasig werden lassen. Ofen auf 200° vorheizen.

4 Sahne mit Eigelben verquirlen. Käse reiben und unterrühren. Mit Kräutersalz, Muskatnuss und Cayennepfeffer würzen. Zwiebelringe gleichmäßig auf dem Teig verteilen, die Sahne-Käse-Mischung darüber geben. Im Backofen (Mitte, Umluft 180°) 35 Min. backen.

➤ *Zwiebelkuchen schmeckt warm und kalt. Am besten gleich in der Form mitnehmen und kurz vor dem Essen in 8 oder 12 Stücke schneiden.*

---

1 Dinkelpirogge
2 Käsestangen
3 Zwiebelkuchen

1

2

3

Nussreis mit Apfelstückchen

Zubereitungszeit: 25 Min.
Für 2 Personen (pro Portion ca. 530 kcal)

120 g parboiled Vollkornreis, 4 EL Rosinen, 4 EL Haselnusskerne, 1 großer mürber Apfel, 1 EL Butter, 2 EL Honig, 1 EL abgeriebene Schale von 1 unbehandelten Zitrone, 1 Msp. Safranpulver, 80 g Kokosmilch, 1–2 TL Zimtpulver

1 Den Reis in einen Topf geben, mit Wasser bedecken, aufkochen lassen und zugedeckt bei schwacher Hitze 10 Min. köcheln lassen. Den Herd ausschalten, Rosinen zufügen und weitere 10 Min. quellen lassen. Den Reis abtropfen lassen.

2 Nüsse grob hacken. Apfel waschen, vierteln, entkernen und in kleine Würfel schneiden. Butter in einer Pfanne schmelzen lassen. Die Nüsse darin goldbraun rösten. Apfelwürfel zufügen und unter Wenden 5 Min. braten.

3 Den Reis zugeben, Honig, Zitronenschale, Safran und Kokosmilch unterrühren und bei mittlerer Hitze in 3 Min. leicht sämig einkochen lassen. Mit Zimtpulver bestreut servieren.

➤ *Der Nussreis schmeckt warm oder kalt. In einem sauberen Schraubglas mitnehmen und zwischendurch löffeln.*

Bananen-Mascarpone mit Rum-Rosinen

Zubereitungszeit: 10 Min.
Gefrierzeit: 1 Std.
Für 2 Personen (pro Portion ca. 530 kcal)

5 EL Rosinen, 4 EL weißer Rum, 2 kleine reife Bananen, 100 ml Reismilch, 1 Eigelb, 2 EL Honig, 100 g Mascarpone

1 Rosinen heiß waschen, abtropfen lassen, mit Rum übergießen und 1 Std. ziehen lassen.

2 Bananen schälen, in Stücke schneiden und 1 Std. ins Tiefkühlfach stellen.

3 Reismilch aufkochen lassen. Eigelb mit Honig schaumig schlagen. Reismilch tröpfchenweise unterrühren und abkühlen lassen.

4 Banane zugeben und pürieren. Den Mascarpone unterrühren und in zwei Dessertschalen geben. Mit Rum-Rosinen gut gekühlt servieren.

➤ *Honig und Mascarpone vorbereiten und in eine kleine Plastikdose geben. Rum-Rosinen in einem Schraubglas mitnehmen.*

➤ *Da die Bananen beim Transport auftauen, die Bananen erst am Arbeitsplatz schälen und in kleine Stücke schneiden. Mascarpone unterrühren und mit Rum-Rosinen anrichten.*

Tipp

Rum-Rosinen sind lange haltbar und können auf Vorrat zubereitet werden. Rosinen einfach mit Rum, klarem Schnaps oder Wasser übergießen und zugedeckt ziehen lassen bzw. gekühlt aufbewahren.

Hirsepudding mit Heidelbeeren

Zubereitungszeit: 15 Min.
Für 2 Personen (pro Portion ca. 360 kcal)

400 ml Reismilch, 100 g fein gemahlene Hirse, 1 Prise Vollmeersalz, 1 TL gemahlene Vanille, 4 EL Sahne, 4 EL Ahornsirup, 150 g Heidelbeeren (frisch oder tiefgekühlt)

1 Reismilch in einen Topf geben, die Hirse einstreuen und unter Rühren zum Kochen bringen. Den Topf vom Herd nehmen und die Hirse 2–3 Min. quellen lassen. Salz, Vanillepulver, Sahne und die Hälfte des Ahornsirups unter den Pudding rühren.

2 Heidelbeeren waschen, verlesen, abtropfen lassen und mit restlichem Ahornsirup mischen. Mit Hirsepudding servieren.

➤ *Hirsepudding schmeckt auch kalt sehr gut. Pudding und Heidelbeeren getrennt in verschließbaren Kunststoffbehältern mitnehmen.*

1

2

3

1 Nussreis mit Apfelstückchen
2 Bananen-Mascarpone mit Rum-Rosinen
3 Hirsepudding mit Heidelbeeren

Apfelstückchen

Zubereitungszeit: 20 Min.
Ruhezeit: 40 Min.
Backzeit: ca. 20 Min.
Zutaten für 4 Stück (pro Stück ca. 440 kcal)

1/2 Würfel Hefe (20 g), 250 g feines Dinkelvollkornmehl, 30 g weiche Butter, 1 TL Honig, 125 g Quark (20 % Fett i. Tr.), 1 Msp. Vollmeersalz, 1 großer mürber Apfel, 3 EL Rosinen, 2 EL Honig, 1/2 TL Zimtpulver, 1 Eigelb, 40 g Mandelblättchen

1 Hefe in 100 ml lauwarmem Wasser auflösen. Mit 3 gehäuften EL Mehl verrühren. Zugedeckt etwa 20 Min. ruhen lassen. Butter, Honig, Quark, Salz und das restliche Mehl unterkneten.

2 Apfel waschen, vierteln, entkernen, klein würfeln. Mit 5 EL Wasser, Rosinen, Honig und Zimtpulver aufkochen lassen und zugedeckt 5 Min. dünsten, bis die Flüssigkeit verkocht ist.

3 Den Teig in vier Teile teilen und jeweils zu einer Kugel formen. Zwischen zwei Lagen Klarsichtfolie zu dünnen Fladen von 15 cm Ø ausrollen.

4 Die obere Folie jeweils entfernen. Füllung auf der Hälfte des Teiges verteilen. Die andere Teighälfte mit Hilfe der Folie darüber klappen. Die Ränder mit der Gabel festdrücken. Die Apfelstückchen mit der Folie auf ein mit Backpapier ausgelegtes Blech legen, dann die Folie entfernen. Den Teig 20 Min. gehen lassen.

5 Backofen auf 200° (Umluft 180°) vorheizen. Eigelb mit 2 EL Wasser verquirlen. Die Stückchen damit bestreichen und mit Mandelblättchen bestreuen. Im Backofen (Mitte) 20 Min. backen.

➤ *In Folie bleiben sie gut gekühlt 1–2 Tage frisch.*

Gewürztaler

Zubereitungszeit: 20 Min.
Backzeit: ca. 17 Min.
Zutaten für 30 Stück (pro Stück ca. 95 kcal)

200 g feines Dinkelvollkornmehl, 1 TL Weinstein-Backpulver, Meersalz, 80 g Honig, 1 Eigelb, 125 g kalte Butter, 1 TL Kardamom, 3 TL Zimtpulver, 1 TL gemahlene Nelken, 100 g gemahlene Haselnusskerne, etwas Butter für das Blech, 1 Eigelb zum Bestreichen, 30 Haselnusskerne

1 Mehl mit Backpulver und Salz mischen. Honig, Eigelb, Butter in Stückchen, Gewürze und die gemahlenen Nüsse zugeben und alles rasch zu einem geschmeidigen Teig verkneten. Den Backofen auf 180° (Umluft 160°) vorheizen. Das Backblech einfetten.

2 Den Teig zu einer Rolle formen (etwa 4 cm Ø). Die Teigrolle in etwa 1 cm dicke Scheiben schneiden. Die Teigscheiben auf ein gefettetes Backblech legen. Eigelb mit 2 EL Wasser verquirlen, die Taler damit bestreichen und jeweils eine Haselnuss darauf legen. Im Backofen (Mitte) 17 Min. backen. Auf einem Kuchengitter abkühlen lassen.

➤ *Die Gewürztaler in einer Keksdose aufbewahren. So haben Sie immer einen süßen Vorrat für den kleinen Hunger zwischendurch.*

➤ *Statt Haselnüsse können Sie Mandeln und als zusätzliches Gewürz etwas Anis verwenden.*

20

Kleines Feigenbrot

Zubereitungszeit: 20 Min.
Backzeit: ca. 15 Min.
Zutaten für 1 Brot (pro Scheibe ca. 100 kcal)

8 getrocknete Soft Feigen, 50 g Butter, 3 EL Mandelblättchen, 150 g Honig, 140 g Haferflocken, etwas Butter für das Blech

1 Die Feigen in kleine Würfel schneiden. Den Backofen auf 170° (Umluft 150°) vorheizen. Das Backblech einfetten.

2 Die Butter schmelzen lassen. Feigen, Mandeln und Honig unterrühren. Diese Mischung mit den Haferflocken vermengen. Den Teig zu einem kleinen Brot formen (8 x 18 cm) und auf das Backblech legen.

3 Das Brot im Backofen (Mitte) 12–15 Min. backen. Herausnehmen und abkühlen lassen. In Frischhaltefolie einwickeln und trocken und kühl aufbewahren. So bleibt es 4 Wochen haltbar.

➤ *Das Feigenbrot ist sehr ballaststoffreich und schmeckt vorzüglich nachmittags zu einer Tasse Tee. Als Belag passen etwas Quark und Honig dazu.*

1

2

3

1 Apfelstückchen
2 Gewürztaler
3 Kleines Feigenbrot

Nussbeißer

Zubereitungszeit: 20 Min.
Backzeit: ca. 15 Min.
Zutaten für 14 Riegel (pro Riegel ca. 295 kcal)

280 g feines Dinkelvollkornmehl, 2 TL Weinstein-Backpulver, 175 g kalte Butter, 160 g Honig, 1 Eigelb, etwas Butter für das Blech, 100 g gemahlene Haselnüsse, 100 g Haselnusskerne

1 Mehl mit Backpulver mischen. 75 g Butter in Stückchen, 80 g Honig und Eigelb zugeben und alles rasch zu einem geschmeidigen Teig verkneten. Das Backblech einfetten. Den Backofen auf 200° (Umluft 175°) vorheizen.

2 Den Teig auf das Blech geben und mit leicht angefeuchteten Händen gleichmäßig zu einem 35 x 20 cm großen Rechteck auseinander drücken.

3 Für den Belag restliche Butter in einem Topf schmelzen. Übrigen Honig, die gemahlenen und ganzen Nüsse zugeben und bei schwacher Hitze unter Rühren langsam aufkochen lassen.

4 Die Masse gleichmäßig auf dem Teig verteilen. Im Backofen (Mitte) 15 Min. backen. Herausnehmen, noch heiß in 14 Riegel schneiden und auf einem Kuchengitter abkühlen lassen.

➤ *Trocken und kühl aufbewahrt, bleiben die Nussbeißer etwa 2 Wochen haltbar.*

Apfel-Kokos-Kuchen

Zubereitungszeit: 30 Min.
Backzeit: ca. 40 Min.
Zutaten für 12 Stück (pro Stück ca. 355 kcal)

2 Eigelbe, 100 g weiche Butter, 100 g Honig, 150 ml warme Kokosmilch, 100 g Kokosraspel, abgeriebene Schale von 1 unbehandelten Zitrone, Meersalz, 1–2 TL Zimtpulver, 1 TL gemahlene Vanille (Reformhaus), 225 g feines Weizenvollkornmehl, 3 TL Weinstein-Backpulver, 80 g Rosinen, 2 mürbe Äpfel (etwa 300 g), etwas Butter für die Form
Für die Streusel: 85 g feines Weizenvollkornmehl, 65 g Kokosraspel, 65 g kalte Butter, 65 g Honig

1 Eigelbe schaumig schlagen. Nach und nach mit Butter, Honig, Kokosmilch, Kokosraspeln, Zitronenschale, Salz, Zimtpulver und Vanille verrühren. Mehl mit Backpulver mischen und löffelweise unter den Teig rühren. Den Backofen auf 180° vorheizen. Eine Springform (24 cm Ø) einfetten.

2 Rosinen heiß waschen, abtropfen lassen. Äpfel waschen, vierteln, entkernen und würfeln. Rosinen und Äpfel unter den Teig mischen. Den Teig in die Form geben und glatt streichen.

3 Das Mehl mit Kokosraspeln, Butter und Honig zu Streuseln verkneten und gleichmäßig auf dem Teig verteilen. Im Backofen (Mitte, Umluft 160°) 35–40 Min. backen. In der Form abkühlen lassen, dann vorsichtig vom Rand lösen und auf einen Kuchenteller geben.

➤ *Nach Bedarf den ganzen Kuchen mit einer Plastikhaube abdecken und mitnehmen oder stückweise in Alufolie verpacken. Gekühlt hält sich der Kuchen 3 Tage frisch.*

Mandelschnitten

Zubereitungszeit: 20 Min.
Backzeit: ca. 15 Min.
Zutaten für 16 Stück (pro Stück ca. 205 kcal)

250 g feines Weizenvollkornmehl, 2 TL Weinstein-Backpulver, 2 Eigelbe, 2 EL Honig, Salz, 30 g weiche Butter, 100 ml warme Reismilch, etwas Butter für das Blech
Für den Belag: 80 g Butter, 150 g gehobelte Mandeln, 5 EL Honig, 2 TL feines Weizenvollkornmehl, 50 g Sahne

1 Mehl und Backpulver mischen. Die Eigelbe schaumig schlagen. Honig, Salz, Butter und Reismilch unterrühren. Löffelweise das Mehl unterrühren. Den Backofen auf 200° (Umluft 175°) vorheizen.

2 Das Backblech einfetten. Den Teig darauf geben und gleichmäßig zu einem Rechteck von 40 x 24 cm verstreichen.

3 Für den Belag die Butter schmelzen lassen. Mandeln, Honig, Mehl und Sahne unterrühren, kurz aufkochen lassen und die Masse gleichmäßig auf dem Teig verteilen. Im Backofen (Mitte) 12–15 Min. backen. Herausnehmen und noch heiß in 16 längliche Schnitten schneiden.

➤ *In einer Keksdose trocken und kühl aufbewahren. So bleiben die Mandelschnitten 2 Wochen haltbar.*

1

2

3

1 Nussbeißer
2 Apfel-Kokos-Kuchen
3 Mandelschnitten

Nach der Arbeit fix gekocht

Gönnen Sie sich zum Ausklang des Tages in gemütlicher Atmosphäre ein feines, leicht verdauliches Abendessen. Nehmen Sie sich Zeit für das Essen, egal, ob allein oder zu zweit, mit der Familie oder in geselliger Runde mit Freunden.

Schlemmen ohne viel Aufwand ist jederzeit möglich. Ob kurz gebraten oder im Wok gegart, mit den richtigen Zutaten und Garmethoden können Sie in rund 30 Minuten sich selbst oder Gäste mit einem warmen Trennkost-Abendessen überraschen. Die Rezepte in diesem Kapitel beweisen es.

Lassen Sie den Tag mit einer leicht verdaulichen Kohlenhydratmahlzeit ausklingen. Wer in der Mittagspause auf belegte Brote und Rohkost gesetzt hat, kann abends eine leckere warme Mahlzeit aus Nudeln, Reis, Kartoffeln oder Couscous und viel Gemüse, in wenig Öl zubereitet, genießen. Stellen Sie sich abends ein nicht zu üppiges Essen aus der Kohlenhydratgruppe und der neutralen Gruppe zusammen. Wenn Sie abends Salat oder Rohkost nicht vertragen, dünsten Sie die Gemüseration in etwas Öl leicht an.

Wer mittags schon ein Kohlenhydrat-Gericht gegessen hat, kann sich abends ab und an zur Abwechslung eine Eiweißmahlzeit mit Fleisch oder Fisch und reichlich gedünstetem Gemüse schmecken lassen.

Essen Sie nicht zu spät, damit Ihr Körper nachts nicht mit der Verdauungsarbeit beschäftigt ist.

im Bild links

Pesto

Zubereitungszeit: 15 Min.
Für 10 Portionen (pro Portion ca. 170 kcal)

50 g Pinienkerne, 3 Knoblauchzehen, 80 g Original Parmesan, 2 Bund Basilikum, 2 EL gemahlene Haselnüsse, Meersalz, 150 ml Olivenöl

1 Pinienkerne in einer beschichteten Pfanne ohne Fett goldbraun rösten. Knoblauch schälen und grob hacken. Den Parmesan fein reiben.

2 Basilikum waschen, trockenschütteln und die Blättchen von den Stielen zupfen.

3 Die Hälfte der Pinienkerne, Haselnüsse, Knoblauch, Basilikum, Salz und Öl in ein hohes Gefäß geben und mit dem Pürierstab fein pürieren. Parmesan unterrühren und mit restlichen Pinienkernen bestreuen.

4 Pesto hält sich etwa 4 Wochen im Kühlschrank frisch. Sollte aber immer mit einer Schicht Olivenöl bedeckt sein.

➤ *1 Bund Basilikum kann auch durch 1 Bund Bärlauch ersetzt werden.*

➤ *Pesto passt besonders gut zu Nudeln, Kartoffeln, aber auch zu gegrilltem Fleisch und Fisch.*

im Bild Mitte und rechts

Calvados Royal

Zubereitungszeit: 10 Min.
Für 2 Drinks (pro Drink ca. 150 kcal)

150 g Erdbeeren, 4 cl junger heller Calvados, 30 ml Eiswasser, 5 EL gestoßenes Eis, 200 ml eiskalter trockener Sekt

1 Erdbeeren waschen und putzen. Zwei kleine Erdbeeren zum Garnieren beiseite legen. Die restlichen Beeren mit Calvados und Eiswasser sehr fein pürieren. Das Püree durch ein feines Sieb streichen und den Saft auffangen.

2 Zwei Sektkelche etwa zu einem Drittel mit gestoßenem Eis füllen, den Calvados-Erdbeersaft dazugießen und leicht umrühren. Mit Sekt auffüllen.

3 Die restlichen Erdbeeren auf zwei Cocktailspieße geben und die Gläser damit garnieren. Oder zwei Erdbeeren halb einschneiden und mit Grün an den Glasrand stecken.

Mein Tipp

Mehr als ein Gewürz

Auch wenn die Rezepte in diesem Buch für Berufstätige sind, verwende ich trotzdem frischen Knoblauch. Denn dieses Gewürz gibt speziellen Gerichten erst das richtige Aroma und erinnert an die mediterrane Küche. Auch der Gesundheitsaspekt sollte nicht außer Acht gelassen werden, denn heute weiß man, dass die Inhaltsstoffe des Knoblauchs Blut verdünnend wirken. Somit wird die Durchblutung im Körper, besonders der Herzkranzgefäße, verbessert. Auch wirkt der frische Knoblauch Krampf lösend, Abwehr stärkend, Cholesterin senkend und tötet schädliche Bakterien und Viren ab.

Sauerkrautsuppe

Zubereitungszeit: 15 Min.
Kochzeit: 20 Min.
Für 2 Personen (pro Portion ca. 190 kcal)

300 g Sauerkraut, 1 kleine Zwiebel, 1 EL Butter, 400 ml Gemüsebrühe, 1 Kartoffel (etwa 150 g), 1 EL Crème fraîche, 1 TL edelsüßes Paprikapulver

1 Das Sauerkraut sehr klein schneiden. Die Zwiebel schälen und fein würfeln. Die Butter in einem Topf schmelzen lassen. Die Zwiebelwürfel darin bei schwacher Hitze glasig werden lassen.

2 Sauerkraut zugeben, Brühe dazugießen und alles 15–18 Min. bei schwacher Hitze köcheln lassen.

3 Inzwischen die Kartoffel schälen, roh in die Suppe reiben und alles weitere 2 Min. kochen lassen.

4 Crème fraîche einrühren und die Suppe mit Paprikapulver bestreut servieren.

Blumenkohlsuppe mit Mandeln

Zubereitungszeit: 10 Min.
Kochzeit: 18 Min.
Für 2 Personen (pro Portion ca. 195 kcal)

2 EL Mandelblättchen, 1 kleiner Blumenkohl (etwa 350 g), 600 ml Gemüsebrühe, 40 g Sahne

1 Mandeln in einer beschichteten Pfanne ohne Fett goldbraun rösten, dann beiseite stellen.

2 Blumenkohl waschen, putzen und in kleine Röschen teilen. In einen Topf geben, die Brühe dazugießen und zum Kochen bringen. Den Blumenkohl in 15–18 Min. garen.

3 Sahne zugeben und alles mit dem Pürierstab 2 Min. pürieren, bis die Suppe schaumig ist. Mit Mandeln bestreut servieren.

Kräuterkaltschale mit Ei

Zubereitungszeit: 25 Min.
Für 2 Personen (pro Portion ca. 175 kcal)

1 Ei (Größe L), 1 Bund Kräuter (z. B. Dill, Petersilie, Borretsch, Kerbel, Sauerampfer), 500 g Kefir, Kräutersalz, 2 TL Senf, 1 EL Essig, 1 kleine Salatgurke, 1 EL Sonnenblumenöl

1 Das Ei in 10–12 Min. hart kochen, mit kaltem Wasser abschrecken, pellen, abkühlen lassen und in kleine Würfel schneiden.

2 Kräuter waschen, trockenschütteln und grob hacken. Einige gehackte Kräuter für die Garnitur beiseite legen, den Rest mit Kefir, Salz, Senf und Essig im Mixer fein pürieren.

3 Gurke schälen, längs vierteln, entkernen und klein würfeln. Das Öl erhitzen, die Gurkenwürfel darin bei mittlerer Hitze unter Wenden in 5–8 Min. scharf anbraten. Mit Salz würzen.

4 Die Kaltschale auf zwei Teller verteilen, Gurken- und Eierwürfel zugeben und mit den übrigen Kräutern bestreuen.

Tomaten-Möhren-Suppe

Zubereitungszeit: 25 Min.
Für 2 Personen (pro Portion ca. 120 kcal)

4 reife Tomaten, 1 Zwiebel, 2 Möhren, 1 TL Olivenöl, 180 ml Gemüsebrühe, 2 EL Tomatenmark, 1/4 TL Chilipulver, 1 EL Crème fraîche, einige Basilikumblättchen

1 Stielansätze der Tomaten entfernen. Tomaten kurz überbrühen, häuten und grob würfeln. Zwiebel schälen und hacken. Möhren putzen, schälen, vierteln und in Würfel schneiden.

2 Öl in einem Topf erhitzen und die Zwiebel darin bei schwacher Hitze glasig werden lassen. Tomaten und Möhren zugeben, die Brühe dazugießen und zugedeckt bei schwacher Hitze 15 Min. köcheln lassen. Tomatenmark und Chilipulver unterrühren.

3 Die Suppe mit dem Pürierstab pürieren. Crème fraîche einrühren und die Suppe mit Basilikum bestreut servieren.

Kohlrabi-Möhren-Eintopf mit Majoran

Zubereitungszeit: 30 Min.
Für 2 Personen (pro Portion ca. 190 kcal)

1 Zwiebel, 200 g Knollensellerie, 1 junger Kohlrabi, 3 Möhren, 1 Stange Lauch, 1 gelbe Paprikaschote, 2 TL Butter, 600 ml Gemüsebrühe, 1 TL Kümmel, Meersalz, Pfeffer, 2 Zweige Majoran

1 Die Zwiebel schälen und fein hacken. Sellerie, Kohlrabi und Möhren putzen, schälen und in kleine Würfel schneiden. Den Lauch putzen, längs halbieren, gründlich waschen und in dünne Streifen schneiden. Paprikaschote halbieren, putzen, waschen und klein würfeln.

2 Butter in einem Topf schmelzen lassen und die Zwiebeln darin bei schwacher Hitze glasig werden lassen.

3 Das Gemüse zufügen und unter Rühren 3–5 Min. anbraten, dann die Brühe dazugießen. Mit Kümmel, Salz und Pfeffer würzen und zugedeckt bei schwacher Hitze 20 Min. köcheln lassen.

4 Majoran waschen, trockenschütteln, die Blättchen von den Stielen zupfen und in den Eintopf geben. Den Eintopf heiß servieren.

➤ *Dieser neutrale Eintopf wird mit Fleisch oder Würstchen zu einer Eiweißmahlzeit, mit Kartoffeln, Reis, Nudeln oder Brot zu einer Kohlenhydratmahlzeit.*

Kartoffelrahmsuppe mit Schinken

Zubereitungszeit: 25 Min.
Für 2 Personen (pro Portion ca. 320 kcal)

400 g Kartoffeln, 1 Zwiebel, 1 TL Olivenöl, 450 ml Gemüsebrühe, 1 EL frische Majoranblättchen, 2 EL Schmand, 50 g roher Rinderschinken, 1/2 Bund Petersilie

1 Kartoffeln schälen, waschen und fein würfeln. Die Zwiebel schälen und fein hacken.

2 Das Öl erhitzen und die Zwiebeln darin bei schwacher Hitze glasig werden lassen. Die Kartoffelwürfel zugeben und 2 Min. mitbraten.

3 Die Brühe dazugießen, mit Majoran würzen und bei mittlerer Hitze 15–20 Min. kochen lassen.

4 Die Suppe mit dem Pürierstab pürieren und den Schmand unterrühren. Den Schinken in kleine Streifen schneiden.

5 Petersilie waschen, trockenschütteln und fein hacken. Die Suppe anrichten und mit Schinken und Petersilie bestreut servieren.

Erbsen-Lauch-Eintopf

Zubereitungszeit: 25 Min.
Für 2 Personen (pro Portion ca. 230 kcal)

100 g TK-Erbsen, 350 ml Gemüsebrühe, 1 Stange Lauch, 200 g Kartoffeln, 1 EL Butter, Salz, Pfeffer, 1/4 TL frisch geriebene Muskatnuss, 2 EL Sahne, 1/2 Bund Petersilie

1 Die Erbsen in etwas Brühe garen. Den Lauch putzen, längs halbieren, gründlich waschen und in Streifen schneiden. Kartoffeln schälen, waschen und in Stücke schneiden.

2 Butter in einem Topf schmelzen lassen. Lauchringe und Kartoffeln unter Rühren bei mittlerer Hitze 2–3 Min. anbraten. Brühe dazugießen und zugedeckt bei schwacher Hitze 15 Min. köcheln lassen. Mit Salz, Pfeffer und Muskat würzen und pürieren.

3 Erbsen und Sahne unterrühren. Petersilie waschen, trockenschütteln und fein hacken. Die Suppe anrichten und mit der Petersilie bestreut servieren.

1 Kohlrabi-Möhren-Eintopf mit Majoran
2 Kartoffelrahmsuppe mit Schinken
3 Erbsen-Lauch-Eintopf

Putenschnitzel mit Ananassalat

Zubereitungszeit: 30 Min.
Für 2 Personen (pro Portion ca. 650 kcal)

4 Erdbeeren, 1 kleine Ananas, 1 Fenchelknolle, 80 g Feldsalat, 3 EL Rosinen, 1 Stück frischer Ingwer (haselnussgroß), 80 g Sahne, 1 EL Zitronensaft, 5 EL Orangensaft, 1/2 TL Kardamom, Meersalz, 1 TL Butter, 2 Putenschnitzel (je etwa 150 g), Pfeffer, 1 EL Sonnenblumenöl, 60 g Käse in Scheiben (z. B. Gouda, Fol Epi oder Edamer)

1 Erdbeeren waschen, putzen und halbieren. Ananas schälen, halbieren, vom harten Strunk befreien, vier halbe Scheiben abschneiden und beiseite legen. Rest klein schneiden.

2 Fenchel putzen, halbieren und den mittleren Strunk entfernen. Die Hälften sehr fein würfeln. Feldsalat putzen, waschen und trockenschleudern. Fenchel, Feldsalat, Ananasstücke und Rosinen mischen. Ingwer schälen, fein hacken.

3 Sahne halbsteif schlagen, mit Zitronen- und Orangensaft, Kardamom und Ingwer verrühren, leicht salzen. Das Dressing über den Salat geben. Salat mit den Erdbeeren garnieren.

4 Butter schmelzen lassen. Ananasscheiben darin von beiden Seiten 2 Min. anbraten.

5 Putenschnitzel mit Pfeffer und Salz würzen. Öl in einer zweiten Pfanne erhitzen. Die Putenschnitzel darin bei mittlerer Hitze 3–4 Min. braten, wenden, mit gedünsteter Ananas und Käse belegen. Den Deckel auflegen und die Schnitzel bei schwacher Hitze weitere 5 Min. braten, bis der Käse geschmolzen ist. Anrichten und mit Ananassalat servieren.

Brokkoli-Hackfleisch-Pfanne

Zubereitungszeit: 20 Min.
Für 2 Personen (pro Portion ca. 615 kcal)

600 g Brokkoli, 60 g Original Parmesan, Meersalz, 3 reife Tomaten, 1 Zwiebel, 1–2 Knoblauchzehen, 1 EL Olivenöl, 300 g Rinder- oder Lammhackfleisch, 2 EL Tomatenmark, 150 ml Gemüsebrühe, 1 TL Sambal oelek, Pfeffer aus der Mühle, 1 TL Kräuter der Provence, 2 EL Sahne

1 Brokkoli waschen, putzen und in kleine Röschen teilen. Die Stiele schälen und in kleine Stücke schneiden. Den Parmesan reiben. Röschen und Stiele in kochendem Salzwasser 12–15 Min. garen.

2 Stielansätze der Tomaten entfernen, Tomaten kurz überbrühen, häuten und grob würfeln. Zwiebel und Knoblauch schälen, beides fein würfeln.

3 Das Öl erhitzen. Zwiebel- und Knoblauchwürfel darin bei schwacher Hitze glasig werden lassen. Hackfleisch zugeben und bei starker Hitze unter Rühren krümelig anbraten.

4 Tomaten, Tomatenmark, Brühe und Sambal oelek unterrühren. Mit Salz, Pfeffer und Kräuter der Provence würzen und die Sahne unterrühren.

5 Brokkoli herausnehmen, abtropfen lassen und auf zwei Tellern anrichten. Hackfleischsauce darauf verteilen und mit Käse bestreut servieren.

Puten-Saltimbocca mit Römersalat

Zubereitungszeit: 25 Min.
Für 2 Personen (pro Portion ca. 290 kcal)

1 kleiner Römersalat, Meersalz, Pfeffer, 1 EL Olivenöl, 1 EL weißer Aceto balsamico, 8 Putenschnitzel (je etwa 50 g), 1 TL getrockneter Oregano, 4 Scheiben Rinderschinken, 4–8 Salbeiblättchen. 1 1/2 EL Olivenöl, 60 ml trockener Weißwein, 4 kleine Holzspieße

1 Den Salat putzen, waschen, in mundgerechte Stücke zerpflücken und abtropfen lassen. Den Salat dekorativ auf einer Platte anrichten, leicht mit Salz und Pfeffer würzen und mit Öl und Essig beträufeln.

2 Das Fleisch waschen, mit Küchenpapier trockentupfen und zwischen Klarsichtfolie flach klopfen. Mit Pfeffer, Salz und Oregano würzen.

3 4 Schnitzelchen erst mit je 1 Scheibe Schinken und dann mit 4–8 Salbeiblättchen belegen, die übrigen Schnitzel jeweils darauf legen und mit Holzspießchen feststecken.

4 Das Öl in einer Pfanne erhitzen und das Fleisch darin von jeder Seite etwa 3 Min. braten. Mit Wein ablöschen und etwas einkochen lassen. Mit dem Salat servieren.

---

1 Putenschnitzel mit Ananassalat
2 Brokkoli-Hackfleisch-Pfanne
3 Puten-Saltimbocca mit Römersalat

1

2

3

Fisch-Gemüse-Spießchen mit Mangosalsa

Zubereitungszeit: 30 Min.
Für 2 Personen (pro Portion ca. 295 kcal)

1 grüne Paprikaschote, 3 Frühlingszwiebeln, 12 Kirschtomaten, 300 g festfleischiger Fisch (z. B. Goldbarsch, Heilbutt, Seezunge), 2 EL Zitronensaft, 2 EL Sonnenblumenöl, 2 TL edelsüßes Paprikapulver, Pfeffer, Kräutersalz, 1 kleine Mango (etwa 300 g), 2 TL Butter, 90 ml Gemüsebrühe, 50 ml trockener Weißwein, 3 EL Sahne, Kräutersalz, 1 TL Currypulver, 1 Msp. Cayennepfeffer, 1 TL Frutilose, 6 Holzspieße

1 Paprikaschote halbieren, putzen, waschen und in etwa 3 x 3 cm große Stücke schneiden. Frühlingszwiebeln putzen, waschen und zwei vierteln. Das Grün der dritten in Röllchen schneiden, das Weiße fein hacken. Die Tomaten waschen.

2 Fisch waschen, mit Küchenpapier abtrocknen und in mundgerechte Würfel schneiden. Fisch und Gemüse abwechselnd auf Holzspieße stecken und mit Zitronensaft beträufeln, dann rundherum mit Öl beträufeln und mit Paprikapulver, Pfeffer und Salz würzen. In einer Grillpfanne 20 Min. von allen Seiten grillen.

3 Für die Salsa die Mango schälen und klein würfeln. Butter schmelzen lassen und Frühlingszwiebelringe darin bei schwacher Hitze glasig werden lassen. Mangowürfel zugeben, kurz anbraten, Brühe und Wein dazugießen. Salsa etwas einkochen lassen. Mit Sahne pürieren.

4 Mit Kräutersalz, Curry, Cayennepfeffer und Frutilose würzen und mit Zwiebelröllchen garnieren. Die Spieße mit der Mangosalsa servieren.

Folienforellen mit Gurken-Dill-Sauce

Zubereitungszeit: 10 Min.
Backzeit: ca. 25 Min.
Für 2 Personen (pro Portion ca. 355 kcal)

2 küchenfertige Forellen, 2 EL Zitronensaft, Meersalz, 6 Salatblätter, 1 EL Sonnenblumenöl, 1 große Salatgurke, 1/2 Bund Dill, 1 EL Sonnenblumenöl, 40 ml Gemüsebrühe, 100 g Naturjoghurt, 4 Scheiben von 1 unbehandelten Zitrone

1 Forellen waschen, mit Küchenpapier trockentupfen, mit Zitronensaft beträufeln, innen und außen salzen. Salatblätter waschen, trockenschütteln und jeweils 3 Blätter ausbreiten. Forellen darauf legen und einwickeln. Den Backofen auf 200° vorheizen.

2 Zwei ausreichend große Stücke Alufolie zuschneiden und mit Öl bepinseln. Den Fisch auf die Folie legen und diese gut verschließen. Den Fisch im Backofen (Mitte, Umluft 180°) 25 Min. garen.

3 Für das Gemüse die Gurke schälen, längs vierteln, entkernen und in kleine Würfel schneiden. Den Dill waschen, trockenschütteln und hacken. Öl in einer Pfanne erhitzen. Die Gurkenwürfel darin bei starker Hitze unter Wenden scharf anbraten. Die Brühe dazugießen und zugedeckt bei schwacher Hitze 8 Min. köcheln lassen.

4 Die Pfanne vom Herd nehmen und beiseite stellen, den Joghurt unter die Gurken rühren, mit Salz und Dill würzen. Die Forellen aus der Folie nehmen und die Salatblätter entfernen. Mit dem Gemüse anrichten und mit Zitronenscheiben garnieren.

Schollenfilets »Müllerin Art« mit Zuckerschoten

Zubereitungszeit: 25 Min.
Für 2 Personen (pro Portion ca. 685 kcal)

500 g Zuckerschoten, 2 Frühlingszwiebeln, 1 TL Butter, 1/8 l Gemüsebrühe, 1/2 Bund Petersilie, 4 Schollenfilets (je etwa 100 g), Salz, Pfeffer, 1 kleines Ei, 4 EL gemahlene Mandeln, 3 EL Sonnenblumenöl

1 Die Zuckerschoten putzen, waschen und eventuelle Fäden abziehen. Frühlingszwiebeln putzen und in feine Ringe schneiden.

2 Butter in einem Topf schmelzen lassen. Die Frühlingszwiebeln darin bei schwacher Hitze glasig werden lassen. Zuckerschoten zugeben und unter Rühren 2–3 Min. anbraten. Die Brühe dazugießen und zugedeckt bei schwacher Hitze 10 Min. köcheln lassen.

3 Petersilie waschen, trockenschütteln und fein hacken. Den Fisch waschen, mit Küchenpapier trockentupfen, salzen und pfeffern. Das Ei verquirlen. Den Fisch erst in Ei, dann in den Mandeln wenden.

4 Öl in einer Pfanne erhitzen. Den Fisch darin bei schwacher Hitze von jeder Seite 4–5 Min. braten. Mit Zuckerschoten anrichten und mit Petersilie bestreut servieren.

1

2

3

1 Fisch-Gemüse-Spießchen mit Mangosalsa
2 Folienforellen mit Gurken-Dill-Sauce
3 Schollenfilets »Müllerin Art« mit Zuckerschoten

Ratatouille

Zubereitungszeit: 30 Min.
Für 2 Personen (pro Portion ca. 275 kcal)

1 kleine Aubergine, Meersalz, 300 g reife Tomaten, 1 rote Paprikaschote, 1 Zwiebel, 2–4 Knoblauchzehen, 1 1/2 EL Olivenöl, Pfeffer, je 1 TL getrockneter Rosmarin, Thymian und Oregano, 6 schwarze Oliven (ohne Stein), 100 g Frischkäse, 1 EL Zitronensaft, einige Basilikumblätter

1 Aubergine waschen, putzen, in Scheiben schneiden, salzen, 10 Min. ziehen lassen. Tomaten häuten, würfeln. Paprika putzen, waschen und würfeln. Zwiebel und Knoblauch schälen. Zwiebel und 2 Knoblauchzehen fein würfeln.

2 Öl erhitzen. Zwiebel und Knoblauchwürfel glasig werden lassen. Auberginen trockentupfen. Mit Tomaten und Paprika unter Rühren 5 Min. schmoren lassen. Mit Gewürzen würzen und alles zugedeckt 15 Min. köcheln lassen. Oliven fein hacken. Übrigen Knoblauch dazudrücken, beides mit Frischkäse verrühren. Ratatouille mit Zitronensaft abschmecken und mit Basilikum garnieren. Mit Frischkäsecreme servieren.

Möhrengratin

Zubereitungszeit: 10 Min.
Backzeit: ca. 30 Min.
Für 2 Personen (pro Portion ca. 550 kcal)

1 Zwiebel, 400 g Möhren, 1 EL Butter, 200 g TK-Erbsen, 100 g saure Sahne, 80 g Sahne, 150 ml Gemüsebrühe, 80 g Käse, 2 EL gehackte Cashewkerne, 1 Msp. Cayennepfeffer

1 Zwiebel schälen, fein hacken. Möhren putzen, schälen, fein würfeln. Backofen auf 200° vorheizen. Butter erhitzen. Zwiebel darin bei schwacher Hitze glasig werden lassen. Möhren zugeben und unter Rühren 5 Min. braten. Möhren und Erbsen in eine Auflaufform geben.

2 Saure Sahne, Sahne und Brühe verrühren. Den Käse reiben und mit Cashewkernen unterrühren. Mit Cayennepfeffer würzen. Die Mischung über die Möhren gießen.

3 Die Form mit Alufolie abdecken und im Backofen (Mitte, Umluft 175°) 20 Min. backen. Die Folie entfernen und weitere 10 Min. backen, bis die Oberfläche goldbraun ist.

Gebratene Champignons

Zubereitungszeit: 20 Min.
Für 2 Personen (pro Portion ca. 240 kcal)

150 g kleine Champignons, 1 Stange Lauch, 1 kleine Zwiebel, 3 EL Sojasauce, Meersalz, 1 Msp. Cayennepfeffer, 3 EL Olivenöl, 2 EL Pinienkerne

1 Die Champignons putzen, eventuell abreiben und in Viertel schneiden. Den Lauch putzen, längs vierteln, gründlich waschen und in kleine Stücke schneiden.

2 Für die Marinade die Zwiebel sehr fein hacken und mit der Sojasauce, Salz, Cayennepfeffer und 1 EL Öl vermischen.

3 Erst den Wok, dann das restliche Öl darin erhitzen. Champignons und Lauch darin bei mittlerer Hitze unter Rühren 5 Min. braten. Die Marinade unterrühren, mit den Pinienkernen bestreuen und heiß servieren.

Gurkengemüse

Zubereitungszeit: 20 Min.
Für 2 Personen (pro Portion ca. 505 kcal)

1 kleine Salatgurke, 1 rote Paprikaschote, 1 Zwiebel, 1 EL Sonnenblumenöl, Pfeffer, Salz, 1/2 Bund Dill, 100 g Mais (Dose oder tiefgekühlt), 5 EL Sahne, 120 g Schafkäse

1 Gurke schälen, längs halbieren, entkernen und in kleine Stücke schneiden. Paprikaschote halbieren, putzen, waschen und klein würfeln. Zwiebel schälen und fein hacken.

2 Öl in einer beschichteten Pfanne erhitzen. Die Zwiebelwürfel darin bei schwacher Hitze glasig werden lassen. Gurkenstücke und Paprikawürfel zugeben, mit Pfeffer und Salz würzen und das Gemüse unter Rühren 8–10 Min. schmoren lassen.

3 Dill waschen, trockenschütteln und hacken. Mais und Sahne unter die Gurken rühren. Den Schafkäse darüber bröckeln und mit Dill garnieren.

Omelett mit Pfifferlingen

Zubereitungszeit: 25 Min.
Für 2 Personen (pro Portion ca. 385 kcal)

150 g Pfifferlinge, 1 Zwiebel, 1/2 Bund Petersilie, 1 TL Butter, Pfeffer, Meersalz, 6 Eier, 3 EL Mineralwasser, 2 EL Sonnenblumenöl

1 Die Pfifferlinge abreiben, putzen und in schmale Streifen schneiden. Zwiebel schälen und fein hacken. Petersilie waschen, trockenschütteln und fein hacken.

2 Butter in einer Pfanne schmelzen lassen. Die Zwiebel darin bei schwacher Hitze glasig werden lassen. Die Pfifferlinge zugeben und bei mittlerer Hitze unter Rühren 10 Min. braten. Mit Pfeffer und Salz würzen.

3 Eier, Mineralwasser und Salz mit einer Gabel 1/2 Min. schaumig schlagen.

4 1 EL Öl in einer beschichteten Pfanne (20 cm Ø) nicht zu stark erhitzen und die Hälfte der Eier hineingießen. Die Pfanne mehrmals hin und her rütteln, damit das Omelett nicht anbackt.

5 Sobald das Omelett auf der unteren Seite stockt und auf der Oberfläche noch etwas cremig ist, die Hälfte der Pilze und Petersilie auf einer Omeletthälfte verteilen und die andere Hälfte darüber klappen.

6 Auf einen Teller gleiten lassen und warm halten. Das restliche Öl erhitzen und aus den übrigen Eiern das zweite Omelett zubereiten.

Lauch-Frittata

Zubereitungszeit: 20 Min.
Für 2 Personen (pro Portion ca. 385 kcal)

1 Stange Lauch, 2 TL Butter, 40 ml Gemüsebrühe, 5 Eier, 2 EL frisch geriebener Parmesan, Salz, Pfeffer, frisch geriebene Muskatnuss, 2 Zweige Petersilie, 1 EL Sesamöl, 2 TL Sesamsamen

1 Den Lauch putzen, längs halbieren, gründlich waschen und in dünne Streifen schneiden. Butter in einem Topf schmelzen lassen. Den Lauch darin bei schwacher Hitze unter Rühren anbraten, die Brühe zugeben und zugedeckt bei schwacher Hitze 10 Min. dünsten.

2 Den Lauch abtropfen lassen. Eier verquirlen und den Parmesan untermischen. Mit Salz, Pfeffer und Muskatnuss würzen. Die Petersilie waschen und trockenschütteln.

3 Öl in einer beschichteten Pfanne erhitzen. Die Eiermasse hineingießen, den Lauch leicht unterrühren und die Eier zugedeckt bei schwacher Hitze in etwa 8 Min. stocken lassen. Zwischendurch die Pfanne hin und her rütteln, damit nichts ansetzt.

4 Mit Hilfe eines Tellers wenden und zugedeckt weitere 5 Min. garen. Die Frittata auf einen großen Teller gleiten lassen, mit Sesamsamen bestreuen, in 4 Stücke schneiden und mit den Petersilienzweigen garnieren.

Zucchini-Käse-Tortilla

Zubereitungszeit: 20 Min.
Für 2 Personen (pro Portion ca. 245 kcal)

1 Zucchino, 1 kleine Zwiebel, 4 Eier,
1 EL grob geriebener Gouda, Salz, Pfeffer,
1 Msp. Muskatnuss, 1 EL Butter,
2 EL Schnittlauchröllchen

1 Den Zucchino waschen, putzen und in dünne Stifte schneiden. Die Zwiebel schälen und fein würfeln. Die Eier in einer Schüssel verquirlen und den Gouda untermischen. Mit Salz, Pfeffer und Muskatnuss würzen.

2 Die Butter in einer beschichteten Pfanne (22 cm Ø) schmelzen lassen. Die Zwiebelwürfel darin bei schwacher Hitze glasig werden lassen. Zucchinistifte zugeben und unter Rühren 5–8 Min. dünsten.

3 Die Eier über das Gemüse gießen und zugedeckt bei schwacher Hitze 8–10 Min. stocken lassen. Zwischendurch die Pfanne hin und her rütteln, damit die Tortilla nicht ansetzt.

4 Die Tortilla auf einen großen Teller gleiten lassen, in 4 Stücke schneiden und mit Schnittlauch garniert servieren.

1 Omelett mit Pfifferlingen
2 Lauch-Frittata
3 Zucchini-Käse-Tortilla

Gebackener Schafkäse mit Paprika-Mais-Salat

Zubereitungszeit: 20 Min.
Für 2 Personen (pro Portion ca. 795 kcal)

1 Ei, 2 Scheiben Schafkäse (je etwa 100 g), 3 EL gemahlene Mandeln, je 1 rote und grüne Paprikaschote, 180 g Mais (Dose oder tiefgekühlt), 1 Bund Kräuter (z. B. Petersilie, Schnittlauch und Salbei), 50 ml Gemüsebrühe, 1 EL Aceto balsamico, Pfeffer, Salz, 1 TL Weizenkeimöl, 2 EL Sonnenblumenöl,

1 Das Ei verquirlen. Den Käse erst im Ei, dann in den Mandeln wenden.

2 Paprikaschoten halbieren, putzen, waschen und in kleine Würfel schneiden. Paprikawürfel und Mais in einer Schüssel mischen.

3 Für das Dressing die Kräuter waschen, trockenschütteln und fein hacken. Brühe, Essig, Pfeffer und Salz verrühren. Das Weizenkeimöl unterschlagen. Die Kräuter unterrühren.

4 Das übrige Öl in einer beschichteten Pfanne erhitzen. Den Käse darin bei mittlerer Hitze von beiden Seiten jeweils 5 Min. braten.

5 Das Dressing unter den Salat mischen und den Salat mit dem Schafkäse servieren.

Tofu-Gemüse-Spieße mit Salbei

Zubereitungszeit: 20 Min.
Grillzeit: ca. 6 Min.
Für 2 Personen (pro Portion ca. 370 kcal)

4 EL Olivenöl, 2–3 TL Kräutersalz, 2 TL getrockneter Thymian, 1 Msp. gemahlener Rosmarin, Cayennepfeffer, 100 g fester Tofu, 100 g Schafkäse, 1 Zwiebel, 1 rote Paprikaschote, 9 Kirschtomaten, 1 kleiner Zucchino, 12 Salbeiblätter, 6 Schaschlikspieße

1 Für die Marinade Öl, Kräutersalz, Thymian, Rosmarin und Cayennepfeffer verrühren.

2 Tofu und Schafkäse etwa 2 cm groß würfeln. Zwiebel schälen und achteln. Paprikaschote halbieren, putzen, waschen und in Stücke schneiden. Tomaten waschen und halbieren. Zucchino waschen, putzen und würfeln.

3 Abwechselnd Gemüse, Salbei, Tofu- und Käsewürfel auf die Spieße stecken. Die Spieße mit der Marinade einpinseln. Den Grill vorheizen.

4 Alufolie auf einen Gitterrost legen und die Spieße unter dem Grill von allen Seiten jeweils 3 Min. braten.

Scharfes Wokgemüse mit Tofu

Zubereitungszeit: 25 Min.
Für 2 Personen (pro Portion ca. 230 kcal)

1 Zwiebel, 1–2 Knoblauchzehen, 30 g Mungobohnensprossen, 80 g Champignons, 1 rote Paprikaschote, 150 g Tofu, 1 EL Sesamöl, 3 EL Gemüsebrühe, 2 EL Sojasauce, 1 TL Sambal oelek, Meersalz, 2 EL Crème fraîche

1 Zwiebel und Knoblauch schälen, beides fein würfeln. Sprossen waschen, verlesen und abtropfen lassen. Champignons putzen, eventuell abreiben und in Scheiben schneiden. Paprikaschote halbieren, putzen, waschen und klein würfeln. Tofu in kleine Würfel schneiden.

2 Erst den Wok, dann das Öl darin erhitzen. Nacheinander Zwiebel, Knoblauch, Champignons und Paprikawürfel in die Mitte des Woks geben und bei mittlerer Hitze unter Rühren 3 Min. braten. Die Brühe zugießen.

3 Die Tofustücke unterrühren und alles aufkochen lassen. Mit Sojasauce, Sambal oelek und Salz würzen. Die Crème fraîche unterrühren. Mit den Sprossen bestreut servieren.

1

2

3

1 Gebackener Schafkäse mit Paprika-Mais-Salat
2 Tofu-Gemüse-Spieße mit Salbei
3 Scharfes Wokgemüse mit Tofu

Kartoffelauflauf

Zubereitungszeit: 10 Min.
Backzeit: ca. 20 Min.
Für 2 Personen (pro Portion ca. 515 kcal)

400 g Pellkartoffeln vom Vortag, 2 Zweige Majoran, 80 g Original Parmesan, 150 ml Gemüsebrühe, 150 g Sahne, 1/4 TL Chilipulver

1 Die Pellkartoffeln pellen, in dünne Scheibchen schneiden und dachziegelartig in eine flache Auflaufform schichten. Den Majoran waschen, trockenschütteln und die Blättchen von den Stielen zupfen.

2 Den Käse reiben. Brühe, Sahne und die Hälfte des Parmesans vermischen. Majoran und Chilipulver unterrühren und die Mischung über die Kartoffeln gießen.

3 Restlichen Parmesan gleichmäßig auf den Kartoffeln verteilen. Den Auflauf bei 175° (Mitte, Umluft) in 20 Min. goldbraun überbacken.

➤ *Dazu passt als Beilage ein neutraler Salat.*

Geröstetes mit Matjes

Zubereitungszeit: 30 Min.
Für 2 Personen (pro Portion ca. 890 kcal)

400 g Kartoffeln, 2 Zwiebeln, 3 EL Sonnenblumenöl, Pfeffer, edelsüßes Paprikapulver, Meersalz, 1 gekochte Rote Bete, 1 kleiner mürber Apfel, 5 Walnusskerne, 4 Matjesheringe, 1 hart gekochtes Eigelb, 2 TL Senf, 1 EL Obstessig, 50 g Schmand, 100 g Joghurt, 1/2 Bund Schnittlauch

1 Kartoffeln schälen und in dünne Scheiben hobeln. Zwiebeln schälen und fein würfeln. Öl erhitzen. Hälfte der Zwiebeln und Kartoffeln darin bei mittlerer Hitze unter Rühren 3 Min. anbraten. Alles würzen. Zugedeckt 15 Min. braten, dabei zwischendurch umrühren.

2 Rote Bete schälen, Apfel waschen, beides würfeln. Nüsse hacken. Matjesheringe entgräten, klein schneiden. Rote Bete, Apfel, übrige Zwiebeln und Nüsse mischen. Eigelb, Senf, Salz, Essig, Schmand und Joghurt untermischen. Schnittlauch in Röllchen schneiden, darüber streuen. Kartoffeln unter Wenden weitere 5 Min. rösten. Mit Matjessalat servieren.

Bratkartoffelpfanne

Zubereitungszeit: 20 Min.
Für 2 Personen (pro Portion ca. 345 kcal)

400 g Pellkartoffeln vom Vortag, 1 rote Paprikaschote, 100 g Champignons, 1 Zwiebel, 1 1/2 EL Sonnenblumenöl, je 1 TL Rosmarin und Thymian, 125 g Mozzarella

1 Kartoffeln pellen und klein würfeln. Paprikaschote halbieren, putzen, waschen und in Streifen schneiden. Champignons putzen, eventuell abreiben und in Scheiben schneiden. Zwiebel schälen und fein hacken.

2 Öl erhitzen. Zwiebel darin glasig werden lassen. Champignons, Paprikaschote und Kartoffeln zufügen, bei starker Hitze unter Wenden 8 Min. braten. Mit Rosmarin und Thymian würzen.

3 Mozzarella abtropfen lassen, klein schneiden, gleichmäßig auf den Kartoffeln verteilen, zugedeckt bei schwacher Hitze schmelzen lassen.

➤ *Dazu passt als Beilage ein Blattsalat mit einer neutralen Vinaigrette (Rezept Seite 55).*

Folienkartoffeln mit Dip

Zubereitungszeit: 10 Min.
Backzeit: ca. 15 Min.
Für 2 Personen (pro Portion ca. 410 kcal)

2 dicke Pellkartoffeln vom Vortag, 2 TL Butter, 1 kleine Zwiebel, 1–2 Knoblauchzehen, 1 große Salatgurke, Meersalz, 80 g Ziegenfrischkäse oder Ziegenkäserolle, 150 g Naturjoghurt, 2 EL Crème fraîche, 2 EL frisch gehackter Dill

1 Backofen auf 200° vorheizen. Kartoffeln tief einschneiden, je 1 TL Butter hineingeben, in Alufolie wickeln und im Backofen (Mitte, Umluft 180°) etwa 15 Min. backen.

2 Zwiebel und Knoblauch schälen, beides fein würfeln. Gurke schälen, ein Stück von etwa 5 cm abschneiden, fein raspeln. Rest in Scheiben schneiden, salzen.

3 Käse zerdrücken, mit Joghurt, Crème fraîche, Zwiebel, Knoblauch und geraspelter Gurke verrühren. Kartoffeln an der Schnittstelle auseinander drücken, etwas Dip hineingeben, mit Gurkenscheiben anrichten. Mit Dill bestreuen.

Reis-Gemüse-Pfanne

Zubereitungszeit: 45 Min.
Für 2 Personen (pro Portion ca. 500 kcal)

1 kleine Aubergine, 2 kleine Zucchini, Meersalz, 1 rote Paprikaschote, 125 g Champignons, 1 Zwiebel, 1 Knoblauchzehe, 4 EL Olivenöl, 125 g Vollkornreis, 1/2 Döschen Safranpulver, 350 ml Gemüsebrühe, 1 TL getrockneter Thymian, Pfeffer, 3 Zweige Petersilie

1 Aubergine und Zucchini waschen und putzen. Aubergine in etwa 1 cm breite Scheiben schneiden, mit Salz bestreuen und 10 Min. ziehen lassen. Zucchini in fingerdicke Stifte schneiden. Die Paprikaschote halbieren, putzen, waschen und klein würfeln. Champignons putzen, eventuell abreiben und in Scheiben schneiden. Zwiebel und Knoblauch schälen, beides würfeln.

2 1 EL Öl erhitzen. Zwiebel und Knoblauch darin bei schwacher Hitze glasig werden lassen. Den Reis zugeben und ebenfalls glasig werden lassen. Zucchini, Paprika und Champignons zugeben und 2 Min. mitbraten. Safran und Brühe zugeben, mit Thymian und Pfeffer würzen und alles bei schwacher Hitze 35 Min. köcheln lassen. Dabei zwischendurch umrühren.

3 Auberginenscheiben mit Küchenpapier trockentupfen. Das restliche Öl in einer Pfanne erhitzen und die Scheiben von jeder Seite in 5 Min. braun braten. Herausnehmen, auf Küchenpapier abtropfen lassen und beiseite stellen.

4 Petersilie waschen und trockenschütteln. Kurz vor Ende der Garzeit, die Flüssigkeit sollte fast aufgesogen sein, die Auberginenscheiben dekorativ auf den Reis legen. Mit Petersilie garniert servieren.

Reis-Pilz-Pfanne

Zubereitungszeit: 50 Min.
Für 2 Personen (pro Portion ca. 660 kcal)

125 g parboiled Vollkornreis, Meersalz, 2 EL Kokosraspel, 1/2 kleiner Chinakohl, 150 g Shiitake-Pilze (ersatzweise Austernpilze), 1 Zwiebel, 1 Knoblauchzehe, 1 Stück frischer Ingwer, 1 EL Sesamöl, 1 TL abgeriebene Schale von 1 unbehandelten Zitrone, 1 feste Banane, 2 TL Butter, 1 TL Sambal oelek, 2–3 EL Sojasauce

1 Reis in einen Topf geben, mit leicht gesalzenem Wasser bedecken und zugedeckt bei schwacher Hitze 10 Min. köcheln lassen. Den Herd ausschalten, den Reis weitere 10 Min. quellen lassen. Kokosraspel rösten und beiseite stellen.

2 Den Chinakohl putzen, waschen, abtropfen lassen und in schmale Streifen schneiden. Shiitake-Pilze abreiben, die Stiele herausschneiden und die Hüte klein schneiden. Zwiebel, Knoblauch und Ingwer schälen und fein würfeln.

3 Erst den Wok, dann das Öl darin erhitzen. Zwiebel, Knoblauch und Ingwer unter Rühren anbraten. Chinakohl und Pilze zugeben und bei mittlerer Hitze unter ständigem Rühren 3–4 Min. braten.

4 Den Reis abtropfen lassen, dann mit Zitronenschale untermischen und alles weitere 4–5 Min. braten. Banane schälen und in Scheiben schneiden. Butter in einer Pfanne schmelzen lassen und die Banane darin bei schwacher Hitze von jeder Seite 1 Min. braten.

5 Reis mit Salz, Sambal oelek und Sojasauce kräftig würzen, mit Bananenscheiben belegen und mit den Kokosraspeln bestreut servieren.

Curryreis mit Lauch und Paprika

Zubereitungszeit: 25 Min.
Für 2 Personen (pro Portion ca. 210 kcal)

1 Zwiebel, 1 Stange Lauch, 1 rote Paprikaschote, 1 EL Sonnenblumenöl, 250 g gegarter Reis (vom Vortag), 1 EL Currypulver, Meersalz, 5 Zweige Petersilie, einige Spritzer Worcestersauce

1 Die Zwiebel schälen und fein würfeln. Den Lauch putzen, längs halbieren, gründlich waschen und in dünne Streifen schneiden. Die Paprikaschote halbieren, putzen, waschen und klein würfeln.

2 Das Öl erhitzen und die Zwiebel darin bei schwacher Hitze glasig werden lassen. Lauch und Paprikawürfel zugeben und unter Rühren 10 Min. mitbraten. Den Reis unterrühren und mit Currypulver und Salz würzen.

3 Petersilie waschen, trockenschütteln und fein hacken. Den Curryreis mit Worcestersauce abschmecken und mit der Petersilie bestreut servieren.

1

2

3

1 Reis-Gemüse-Pfanne
2 Reis-Pilz-Pfanne
3 Curryreis mit Lauch und Paprika

Couscous mit scharfem Gemüsesauté

Zubereitungszeit: 25 Min.
Für 2 Personen (pro Portion ca. 395 kcal)

150 g Couscous, 2 Frühlingszwiebeln, 1 Zucchino, 150 g Zuckerschoten, 1 rote Paprikaschote, 150 g Champignons, 1 EL Olivenöl, Meersalz, 1/4 TL Kreuzkümmel, 2 Zweige Koriandergrün, 2 EL süße Chilisauce, 1 Msp. Cayennepfeffer, 50 ml Gemüsebrühe

1 Den Couscous nach Packungsanweisung zubereiten.

2 Inzwischen die Frühlingszwiebeln putzen und waschen. Das Grün in Röllchen, das Weiße in kleine Würfel schneiden.

3 Zucchino waschen, putzen und in dünne Scheiben schneiden. Zuckerschoten putzen, wenn nötig entfädeln. Paprikaschote halbieren, putzen, waschen und in kleine Würfel schneiden. Champignons putzen, eventuell abreiben und in Scheiben schneiden.

4 Das Öl in einer beschichteten Pfanne erhitzen. Zuerst die Frühlingszwiebeln darin bei mittlerer Hitze unter Rühren scharf anbraten, dann das restliche Gemüse zufügen.

5 Mit Salz, Kreuzkümmel, Koriander, Chilisauce und Cayennepfeffer würzen und das Gemüse bei schwacher Hitze 5 Min. schmoren lassen.

6 Die Brühe zugeben und zugedeckt weitere 5 Min. schmoren lassen.

7 Den Couscous als Kegel auf zwei Teller geben und mit dem Gemüse anrichten.

Haferflockenbratlinge mit Kräuterdip

Zubereitungszeit: 30 Min.
Für 2 Personen (pro Portion ca. 500 kcal)

1/2 Bund Petersilie, 1 Zweig Majoran, 1 kleine Zwiebel, 1–2 Knoblauchzehen, 3 EL Sonnenblumenöl, 225 ml Gemüsebrühe, 120 g kernige Haferflocken, Meersalz, 2 EL Vollkornsemmelbrösel, 1 Bund Kräuter (z. B. Petersilie, Schnittlauch, Kerbel, Sauerampfer), 75 g saure Sahne, 150 g Naturjoghurt

1 Petersilie und Majoran waschen, trockenschütteln und fein hacken. Zwiebel und Knoblauch schälen, beides fein würfeln. 1 TL Öl erhitzen, Zwiebel und Knoblauch darin bei schwacher Hitze glasig werden lassen.

2 Brühe zugießen und die Haferflocken unterrühren. Mit Salz, Majoran und Petersilie kräftig würzen. Die Haferflocken bei schwacher Hitze so lange rühren, bis ein fester Brei entsteht. Die Masse beiseite stellen und kurz ruhen lassen.

3 Aus dem Teig mit angefeuchteten Händen 4 oder 6 Bratlinge formen und in den Semmelbröseln wenden.

4 Für den Dip die Kräuter waschen, trockenschütteln und sehr fein hacken. Saure Sahne und Joghurt verrühren, die Kräuter unterrühren und mit Salz würzen.

5 Das restliche Öl in einer Pfanne erhitzen und die Bratlinge darin von beiden Seiten jeweils 5 Min. braten. Mit dem Dip servieren.

➤ *Dazu passt als Beilage ein neutraler Salat (Rezepte ab Seite 60)*

Bulgurtopf mit Möhren und Rosinen

Zubereitungszeit: 25 Min.
Für 2 Personen (pro Portion ca. 555 kcal)

150 g Bulgur, Meersalz, 1 kleine rote Chilischote, 5 EL Rosinen, 400 g Möhren, 1 EL Butter, 3 EL Pinienkerne, 1 große Banane, 6 Minzeblättchen

1 Den Bulgur in 1/2 l kochendes Salzwasser geben. Chilischote und Rosinen zugeben und zugedeckt etwa bei schwacher Hitze 15 Min. quellen lassen, bis das Wasser aufgesogen ist. Den Bulgur beiseite stellen, mit einer Gabel auflockern und die Chilischote entfernen.

2 Die Möhren putzen, schälen und fein würfeln. Die Butter in einer beschichteten Pfanne erhitzen. Die Möhrenwürfel darin bei schwacher Hitze unter Rühren 5 Min. braten. Bulgur und die Pinienkerne unterrühren.

3 Die Banane schälen, in Scheiben schneiden, auf den Bulgur legen. Mit Minze garniert servieren.

1 Couscous mit scharfem Gemüsesauté
2 Haferflockenbratlinge mit Kräuterdip
3 Bulgurtopf mit Möhren und Rosinen

Bandnudeln mit Käse-Petersilien-Sahne

Zubereitungszeit: 25 Min.
Für 2 Personen (pro Portion ca. 670 kcal)

180 g Vollkorn-Bandnudeln, Salz, 1/2 Bund Petersilie, 1 kleine Stange Lauch, 70 g Original Parmesan, 1 EL Sonnenblumenöl, 150 ml Reismilch, 100 g Sahne, 1 TL Gemüsebrühe, 1 TL Currypulver, 1 Msp. Cayennepfeffer, Pfeffer

1 Nudeln in reichlich Salzwasser nach Packungsangaben bissfest garen. Petersilie waschen, trockenschütteln und fein hacken, 1 EL zum Bestreuen beiseite legen. Den Lauch putzen, längs halbieren, gründlich waschen und in dünne Streifen schneiden. Den Käse reiben.

2 Öl erhitzen. Lauch darin unter Rühren glasig werden lassen. Reismilch, Sahne, Käse und Petersilie unterrühren. Mit Brühe, Currypulver, Cayennepfeffer, Salz und Pfeffer würzen.

3 Nudeln abtropfen lassen, mit der Sauce vermischen. Mit der restlichen Petersilie bestreuen.

Spaghetti mit Nusspesto

Zubereitungszeit: 25 Min.
Für 2 Personen (pro Portion ca. 965 kcal)

1 Bund Petersilie, 2 Knoblauchzehen, 15 Walnusskernhälften, 25 g frisch geriebener Original Parmesan, 1 TL Meersalz, 150 ml Olivenöl, 300 g grüne Bohnen, 1 Zweig Bohnenkraut, 10 Kirschtomaten, 180 g Vollkornspaghetti

1 Petersilie waschen, trockenschütteln, die Blättchen abzupfen. Knoblauch schälen, grob hacken. Petersilie, Knoblauch, Nüsse, Parmesan, Salz und Öl fein pürieren.

2 Bohnen waschen, putzen, in etwa 3 cm lange Stücke schneiden. In wenig leicht gesalzenem Wasser mit Bohnenkraut 15 Min. garen. Abtropfen lassen. Tomaten waschen und halbieren.

3 Spaghetti in reichlich leicht gesalzenem Wasser in 10–12 Min. bissfest garen. Dann in ein Sieb abgießen und abtropfen lassen. Die Spaghetti mit den Bohnen vermischen. 3 EL Nusspesto unterrühren, die Nudeln auf zwei Tellern anrichten und mit Kirschtomaten garniert servieren.

Salami-Paprika-Nudeln

Zubereitungszeit: 25 Min.
Für 2 Personen (pro Portion ca. 520 kcal)

1 rote Paprikaschote, 50 g getrocknete in Öl eingelegte Tomaten, 1 Zwiebel, 60 g Rindersalami, 1/2 Bund Petersilie, 160 g Vollkornnudeln (z. B. Spiralen), Meersalz, 1 EL Sonnenblumenöl, Kräutersalz, Pfeffer, 1 TL Sambal oelek

1 Paprikaschote halbieren, putzen, waschen und klein würfeln. Tomaten in kleine Würfel schneiden. Zwiebel schälen und fein hacken. Salami würfeln. Petersilie waschen, fein hacken.

2 Nudeln in reichlich Salzwasser nach Packungsangaben bissfest garen und abtropfen lassen.

3 Öl erhitzen. Zwiebel, Paprika- und Tomatenwürfel darin unter Rühren 3 Min. anbraten. Nudeln unterrühren, mit Salz, Pfeffer und Sambal oelek würzen. Bei starker Hitze unter Rühren 5 Min. braten. Mit Salami und Petersilie bestreuen.

➤ *Dazu passt als Vorspeise ein neutraler Salat (Rezepte ab Seite 60).*

Tagliatelle mit Pilzsauce

Zubereitungszeit: 25 Min.
Für 2 Personen (pro Portion ca. 655 kcal)

160 g Tagliatelle, Meersalz, 300 g Steinpilze, 1 Zwiebel, 1 Stück frischer Ingwer (haselnussgroß), 1 EL Walnussöl, 1 EL kalte Butter, 50 g Crème fraîche (ersatzweise saure Sahne), 2 EL gehackte Walnüsse

1 Tagliatelle in reichlich Salzwasser nach Packungsangaben bissfest garen.

2 Steinpilze putzen und längs in Scheiben schneiden. Zwiebel und Ingwer schälen. Zwiebel fein hacken und Ingwer in feine Scheiben schneiden.

3 Öl erhitzen. Zwiebel, Ingwer und Pilze darin bei mittlerer Hitze unter Rühren 5 Min. braten.

4 Nudeln in ein Sieb abgießen, dabei 80 ml Kochwasser auffangen. Nudeln in eine Schüssel geben und sofort mit der Butter mischen. Das aufgefangene Kochwasser unter die Pilze rühren, Pilze salzen. Crème fraîche unterrühren. Mit Nüssen bestreuen, zu den Tagliatelle servieren.

Crostini mit Frischkäse

Zubereitungszeit: 10 Min.
Backzeit: ca. 10 Min.
Für 2 Personen (pro Portion ca. 340 kcal)

1 kleine Zwiebel, 10 Basilikumblättchen, 1 Fleischtomate, 100 g Ziegenfrischkäse, 1–2 Knoblauchzehen, 2 EL Butter, 2 Vollkornbrötchen, Pfeffer aus der Mühle, Meersalz

1 Zwiebel schälen und fein würfeln. Basilikum waschen, trockentupfen und fein hacken. Tomate waschen, vom Stielansatz befreien und in dünne Scheiben schneiden. Ziegenkäse und Zwiebelwürfel verrühren. Den Backofen auf 200° (Umluft 175°) vorheizen.

2 Knoblauch schälen, durch die Presse zur Butter drücken und verkneten. Brötchen quer durchschneiden, die Seiten mit der Knoblauchbutter bestreichen und im Backofen (Mitte) 10 Min. rösten. Herausnehmen und mit Ziegenfrischkäse bestreichen, Tomatenscheiben und Basilikum darauf verteilen. Mit Pfeffer und Salz würzen.

Käsebaguette mit Paprika

Zubereitungszeit: 20 Min.
Backzeit: ca. 12 Min.
Für 2 Personen (pro Portion ca. 570 kcal)

je 2 rote und gelbe Paprikaschoten, 1 Zwiebel, 1 EL Olivenöl, Meersalz, 1/2 TL getrockneter Oregano, 125 g Mozzarella, 1 Vollkornbaguette

1 Paprikaschoten halbieren, putzen, waschen und in dünne Streifen schneiden. Zwiebel schälen und in dünne Ringe schneiden.

2 Das Öl in einer Pfanne erhitzen. Paprikastreifen und Zwiebelwürfel darin bei mittlerer Hitze etwa 10 Min. braten, dabei zwischendurch umrühren. Leicht salzen und mit Oregano würzen. Den Backofen auf 200° (Umluft 180°) vorheizen.

3 Mozzarella abtropfen lassen, in Streifen schneiden. Baguette längs aufschneiden, die Hälfte der Paprikastreifen darauf legen, mit Mozzarella belegen. Im Ofen (Mitte) 12 Min. überbacken, bis der Käse leicht gebräunt ist. Mit dem restlichen Paprikagemüse servieren.

Brotpizza

Zubereitungszeit: 20 Min.
Backzeit: ca. 15 Min.
Für 2 Personen (pro Portion ca. 395 kcal)

1 Zwiebel, 1 Knoblauchzehe, 1 Stange Lauch, 1 rote Paprikaschote, 10 schwarze Oliven (ohne Stein), 100 g Champignons, 1 1/2 EL Olivenöl, Kräutersalz, 1–2 TL Oregano, 1 TL Majoran, 80 g Wörishofener-Käse, 2 Scheiben Vollkornbrot

1 Zwiebel und Knoblauch schälen, würfeln. Lauch waschen, längs halbieren, in Streifen schneiden. Paprikaschote putzen, waschen, würfeln. Oliven hacken. Champignons putzen, in Scheiben schneiden. Ofen auf 200° vorheizen.

2 Öl erhitzen. Zwiebel und Knoblauch darin glasig werden lassen. Lauch, Paprikawürfel, Oliven und Champignons unter Rühren 5 Min. mitbraten. Mit Salz, Oregano und Majoran würzen.

3 Käse in Scheiben schneiden. Brotscheiben auf ein mit Backpapier belegtes Blech legen. Mit Gemüse und Käse belegen. Im Ofen (Mitte, Umluft 180°) 15 Min. überbacken.

Pilzwähe

Zubereitungszeit: 20 Min.
Ruhezeit: 40 Min.
Backzeit: ca. 30 Min.
Für 2 Personen (pro Portion ca. 605 kcal)

180 g feines Weizenvollkornmehl, 1 Würfel Hefe, 1 1/2 EL Sonnenblumenöl, Meersalz, 1 Zwiebel, 250 g Pfifferlinge, Pfeffer, 150 g Schmand, 40 ml Mineralwasser, 1 Eigelb, 40 g Parmesan, 2 EL Schnittlauchröllchen, Kräutersalz, Öl für die Form

1 Mehl in eine Schüssel geben, Hefe in die Mitte bröckeln, mit 50 ml lauwarmem Wasser und 2 EL Mehl vom Rand verrühren. Zugedeckt 20 Min. gehen lassen. Mit 70 ml lauwarmem Wasser, 1/2 EL Öl, Salz und Mehl verkneten. Blech fetten. Teig darauf auseinander ziehen. Zugedeckt 20 Min. gehen lassen. Ofen auf 200° vorheizen.

2 Zwiebel und Pilze in Scheiben schneiden. 1 EL Öl erhitzen. Zwiebel und Pilze 7–8 Min. braten, pfeffern, salzen. Schmand, Mineralwasser, Eigelb verquirlen. Käse reiben, mit Schnittlauch unterrühren. Mit Kräutersalz würzen. Pilze und Guss auf den Teig geben. Im Ofen 30 Min. backen.

Pfirsich-Gratin mit Baiser

Zubereitungszeit: 20 Min.
Backzeit: ca. 15 Min.
Für 2 Personen (pro Portion ca. 330 kcal)

4 kleine Pfirsiche, 2 EL Mandelblättchen, 1 TL abgeriebene Schale von 1 unbehandelten Zitrone, 3 EL Ahornsirup, 1 Ei (Größe S), 2 EL Kokosraspel, 1 Msp. Meersalz

1 Pfirsiche 1 Min. in kochendes Wasser geben, kalt abschrecken, häuten, halbieren und entsteinen. Die Hälften in eine kleine Auflaufform setzen. Ofen auf 200° (Umluft 175°) vorheizen.

2 Mandeln rösten. Zitronenschale mit Mandeln mischen und die Pfirsichhälften damit füllen. Mit der Hälfte des Ahornsirups beträufeln.

3 Das Ei trennen. Eigelb mit restlichem Ahornsirup schaumig schlagen, Kokosraspel unterrühren. Eiweiß mit Salz steif schlagen. Eigelb-Kokos-Masse unter den Eischnee mischen und die Masse auf den Pfirsichhälften verteilen. Im Ofen (Mitte) 15 Min. überbacken, bis das Baiser leicht fest ist.

Kokosbanane

Zubereitungszeit: 20 Min.
Für 2 Personen (pro Portion ca. 470 kcal)

3 EL gehackte Mandeln, 2 kleine Bananen, 2 EL Wodka (ersatzweise Sahne), 2 EL Kokosraspel, 1 1/2 EL Butter, 50 g Sahne, 150 g Naturjoghurt, 2 EL Ahornsirup

1 Mandeln in einer beschichteten Pfanne ohne Fett goldbraun rösten. Herausnehmen und auskühlen lassen.

2 Bananen schälen, mit Wodka bestreichen und in den Kokosraspeln wenden. Butter in einer beschichteten Pfanne erhitzen und die Bananen darin rundherum bei schwacher Hitze 5 Min. braten, dabei vorsichtig wenden.

3 Inzwischen die Sahne steif schlagen, mit Joghurt, Ahornsirup und der Hälfte der Mandeln verrühren.

4 Die Bananen mit der Mandel-Joghurt-Sauce auf zwei Dessertellern anrichten und mit den restlichen Mandeln bestreuen.

Mandarinen-Mousse

Zubereitungszeit: 20 Min.
Kühlzeit: 8 Std.
Für 2 Personen (pro Portion ca. 515 kcal)

2 Blatt Gelatine, 200 ml frisch gepresster Mandarinensaft, 6 EL Frutilose, 2 frische Eigelbe, 100 g Sahne, 150 g Naturjoghurt, 1 Mandarine

1 Gelatine in kaltem Wasser 10 Min. einweichen. Mandarinensaft mit Frutilose verrühren und aufkochen lassen. Gelatine ausdrücken und im Saft auflösen.

2 Eigelbe in 5 Min. schaumig schlagen. Mit dem Schneebesen tröpfchenweise den heißen Mandarinensaft unter die Eigelbe rühren. Die Masse abkühlen lassen.

3 Sahne steif schlagen, mit Joghurt vermischen und die Mischung vorsichtig unter den Mandarinensaft heben. Die Mousse anrichten und etwa 8 Std., am besten über Nacht, kalt stellen.

4 Die Mandarine schälen, in Spalten teilen und die Mousse damit garnieren.

Brombeer-Joghurt-Sorbet

Zubereitungszeit: 15 Min.
Kühlzeit: 2 Std.
Für 2 Personen (pro Portion ca. 230 kcal)

250 g Brombeeren (frisch oder tiefgekühlt), 2 EL Agavendicksaft, 150 g Naturjoghurt, 50 g Sahne

1 Die Brombeeren verlesen, einige Beeren zum Garnieren beiseite legen, den Rest mit einer Gabel zerdrücken und durch ein feines Sieb streichen.

2 Brombeermus mit Agavendicksaft und Joghurt verrühren. Die Sahne steif schlagen, unterrühren und etwa 2 Std. ins Tiefkühlfach stellen, dabei gelegentlich umrühren, damit sich keine Kristalle bilden.

3 Das leicht gefrorene Dessert in Gläser geben und mit den übrigen Brombeeren garnieren und servieren.

➤ *Statt Brombeeren können Sie auch Himbeeren oder Erdbeeren verwenden.*

Nach der Arbeit fix gekocht

im Bild links

Orangen-Longdrink mit Ingwer

Zubereitungszeit: 10 Min.
Für 2 Drinks (pro Drink ca. 120 kcal)

3 Orangen, 1 rosa Grapefruit, 5 EL zerstoßenes Eis, 2 cl weißer Rum, 1 Agavendicksaft, 1 kleines Stück frischer Ingwer (haselnussgroß), 4 Minzeblättchen

1 Orangen und Grapefruit auspressen. Mit zerstoßenem Eis, Rum, Agavendicksaft und Ingwer im Mixer mixen.

2 In Longdrinkgläser füllen und mit Minze garniert servieren.

im Bild rechts

Ananas-Kokos-Cocktail

Zubereitungszeit: 10 Min.
Für 2 Drinks (pro Drink ca. 160 kcal)

1 1/2 Scheiben Ananas, 150 ml Kokosmilch, 4 EL gestoßenes Eis, 100 ml Eiswasser, 2 EL Sahne, 2 cl weißer Rum, 2 EL Agavendicksaft, 4 Minzeblättchen

1 Ganze Ananasscheibe schälen, in Stücke schneiden. Mit Kokosmilch, Eis, Eiswasser, Sahne, Rum und Agavendicksaft pürieren. Nach Belieben durch ein Sieb in zwei Gläser füllen. Übrige Ananas in 2 Stücke schneiden. Cocktail mit Ananasstücken und Minze garnieren.

im Bild Mitte

Früchtebowle

Zubereitungszeit: 15 Min.
Ziehzeit: 30 Min.
Kühlzeit: 2 Std.
Für 4 Personen (pro Drink ca. 85 kcal)

30 g loser Früchtetee, 2 EL Honig, 2 Blutorangen, 1 unbehandelte Zitrone, 1/8 l Rotwein

1 Den Tee mit 1 l kochendem Wasser überbrühen, 30 Min. ziehen lassen, dann durch ein Sieb gießen. Mit Honig verrühren und den Tee abkühlen lassen.

2 Orangen schälen und klein würfeln. Zitrone waschen und in Scheiben schneiden. Die Früchte mit dem Rotwein übergießen. Den Früchtetee zugießen und gut gekühlt servieren.

im Bild links

Apfel-Eistee

Zubereitungszeit: 15 Min.
Kühlzeit: 2 Std.
Für 4 große Gläser (pro Drink ca. 45 kcal)

1 säuerlicher Apfel, 1 EL Zitronensaft, 4 Beutel Grüner Tee »Apfel-Ginkgo«, 2 EL Honig

1 Apfel waschen, vierteln, entkernen und in kleine Würfel schneiden. Apfelwürfel sofort mit Zitronensaft beträufeln. Apfel in einen Gefrierbeutel geben und 1 Std. ins Tiefkühlfach stellen.

2 Den Tee mit 1 l kochendem Wasser überbrühen, 10 Min. ziehen lassen, dann die Teebeutel entfernen.

3 Mit Honig verrühren, abkühlen lassen und etwa 1 Std. in den Kühlschrank stellen.

4 Den gut gekühlten Tee mit den gefrorenen Apfelstücken in Bowlengläsern servieren.

im Bild rechts

Johannisbeer-Pfefferminztee

Zubereitungszeit: 10 Min.
Für 2 Drinks (pro Drink ca. 20 kcal)

75 g Johannisbeeren, 2 EL Zitronensaft, 2 TL Frutilose, 400 ml kalter Pfefferminztee, 6 Minzeblättchen

1 Beeren waschen und 2 Rispen zum Garnieren beiseite legen. Den Rest mit einer Gabel zerdrücken, dann mit Zitronensaft, Frutilose und etwas Tee vermischen.

2 Nach und nach den restlichen, gut gekühlten Tee unterrühren.

3 Durch ein feines Sieb in 2 Gläser füllen und mit den restlichen Johannisbeeren und Minze garnieren.

Hinweise für die Praxis

Kantine und Imbiss

Salat und Rohkost

Wenn Sie am Arbeitsplatz nicht die Möglichkeit haben, Ihr vorbereitetes Lunchpaket aufzuwärmen, besteht vielleicht die Gelegenheit, das Mittagessen in der Kantine einzunehmen. Inzwischen sind Firmenkantinen besser als ihr Ruf und bemühen sich um Abwechslung auf dem Speiseplan und um ein vielseitiges Angebot – das kommt auch Trennköstlern und Gesundheitsbewussten entgegen. Trennköstler haben mittags die Wahl zwischen einer Eiweiß- oder Kohlenhydratmahlzeit. Oft steht in der Kantine eine Salatbar bereit, an der Sie Ihren Bedarf an Salat, Rohkost und Gemüse leicht decken und nach Belieben mit einer Mahlzeit aus der Eiweiß- oder Kohlenhydratgruppe kombinieren können. Wenn das Salatangebot der Kantine nicht überzeugt, isst eine halbe Stunde vor dem Besuch in der Kantine säurereiches Obst. Da Obst zwar zur Eiweißgruppe gehört, aber leicht verdaulich ist und nach etwa 30 Minuten basisch verstoffwechselt wird, können Sie anschließend auch eine kohlenhydratreiche Mahlzeit zu sich nehmen.

Kombinieren in der Kantine

Bei einer Eiweißmahlzeit wählen Sie ein Fleisch-, Fisch- oder Eiergericht und statt der sonst üblichen Beilagen die doppelte Portion an Gemüse und Salat. Beim Kohlenhydratgericht verzichten Sie dagegen auf Fleisch, Fisch oder Eier, greifen dafür zu Kartoffeln, vegetarischen Nudel- und Reisgerichten oder Getreidebratlingen und essen dazu einen großen Teller Salat oder Gemüse. In der nächsten Spalte finden Sie ein paar Anregungen zum Kombinieren. Doch mit der Zeit werden Sie selbst herausfinden, was kombiniert oder getrennt gegessen werden sollte.

- Gemüse mit Käsesauce
- Gemischter Salat mit Feta
- Tomaten mit Mozzarella und Basilikum
- Melone mit Schinken
- Geräucherte Forelle mit Meerrettichsahne
- Champignons vom Grill mit Kräuterbutter
- Gedünsteter Fisch mit Salat oder Gemüse
- Tafelspitz mit Wurzelgemüse und Meerrettich
- Gegrilltes Steak mit Salat
- Gegrilltes Hähnchen ohne Haut mit Salat
- Rinderbraten mit Salat oder Gemüse
- Putenschnitzel mit Salat, Panade entfernen
- Pellkartoffeln mit Quark
- Vollkornnudeln mit Gemüsesauce
- Kartoffelgratin mit Salat
- Kartoffelrösti mit Räucherlachs
- Kartoffelpuffer mit Apfelmus
- Kartoffelgnocchi mit Salat

Achten Sie bei der Zusammenstellung Ihres Mittagmenüs darauf, dass auf eine neutrale Vorspeise ein Hauptgericht und Dessert aus der Eiweißgruppe bzw. aus der Kohlenhydratgruppe folgt. Kombinieren Sie nach Möglichkeit ein Eiweißgericht nicht mit einem Dessert aus der Kohlenhydratgruppe oder umgekehrt. Nach einer Eiweißmahlzeit sollten Sie Früchte aus der Eiweißgruppe essen. Das Obst können Sie nach Belieben unter Quark, Dickmilch oder Joghurt rühren. Nach einem Kohlenhydratgericht bieten sich Früchte aus der Gruppe der Kohlenhydrate an.

Zum Hauptgericht möglichst nichts trinken, da jedes Getränk die Magensäfte verdünnt und den Verdauungsprozess stören kann. Doch kurz vor dem Essen können Sie Ihr Bedürfnis nach einem Getränk mit einem großen Glas Wasser ohne Kohlensäure oder Früchtetee schlückchenweise stillen. Wenn Sie das Mittagessen mit einem Kaffee, Cappuccino oder Espresso abschließen, trinken Sie danach ein großes Glas Wasser.

Nach einer eiweißreichen oder kohlenhydratreichen Hauptmahlzeit sollten Sie etwa 3–4 Stunden warten, bis Sie eine Mahlzeit aus der konkurrierenden Gruppe essen können. Denn so lange dauert es, bis Ihr Körper einen Teil der zugeführten Kohlenhydrate oder des Eiweißes verdaut hat.

Fastfood oder Schnellimbiss

Weder das eine noch das andere passt zur Trennkost. Wenn Sie mittags dennoch hin und wieder darauf angewiesen sind, weil der Terminkalender Sie dazu zwingt, variieren Sie den Imbiss trennkostgerecht und verzichten Sie auf das allgemein Übliche. Sorgen Sie dafür, dass die Abendmahlzeit eventuelle Nährstoffdefizite des Tages wieder ausgleicht.

In der nächsten Spalte finden Sie Beispiele für beliebte Imbissklassiker und Anregungen, wie Sie diese nach den Regeln der Trennkost gesund aufpeppen können:

- 1 Portion Salat mit Joghurtdressing, dazu Sonnenblumenkerne
- 1 Paar Wiener Würstchen, dazu ein gemischter Salat, ohne Brot
- 1 Portion Chickenwings, dazu ein gemischter Salat, ohne Pommes frites
- 1 Portion Gyros mit Tsatsiki, dazu ein gemischter Salat, ohne Fladenbrot
- 1 Portion gebackener Leberkäse, dazu ein gemischter Salat, ohne Brötchen
- 1 Fischfrikadelle, dazu ein gemischter Salat, ohne Brötchen und Panade
- 1 Fleischfrikadelle (Rinderhackfleisch), dazu gemischter Salat
- 1 Folienkartoffel mit Kräuterquark, dazu ein gemischter Salat
- 1 Stück Pizza mit rohem Schinken und Mozzarella, dazu ein gemischter Salat, ohne Tomaten
- 1 Vollkornbrötchen mit Butter und rohem Schinken oder Salami, dazu Tomaten
- 1 Vollkornbrötchen mit Räucherlachs und Sahnemeerrettich
- 1 Vollkornbrötchen mit Butter und Appenzeller, Roquefort oder Allgäuer Emmentaler, dazu Tomaten
- 1 Portion Tatar mit Eigelb und Zwiebeln, dazu 1 Vollkornbrötchen und ein gemischter Salat

Hinweise für die Praxis

Piktogramme, Mengen und Maße

Die Farbsymbole

Damit Sie auf Anhieb erkennen, zu welcher Gruppe ein Gericht gehört, ist jedes Rezept farbig gekennzeichnet.

= **Kohlenhydratmahlzeit**

= **Eiweißmahlzeit**

= **neutrale Mahlzeit**

Die Praxis-Symbole

Die Symbole bei den Hauptgerichten geben Ihnen praktische Zusatzinformationen zum Rezept.

= **etwas Besonderes/ für Gäste**

= **schnell**

= **kostengünstig**

= **vegetarisch**

= **zum Mitnehmen**

= **gelingt leicht**

Zeitangaben

Die Zubereitungszeit enthält sowohl die Vorbereitungszeit als auch die Garzeit. Extrazeiten, zum Beispiel zum Backen oder Marinieren, sind in einer weiteren Zeile angegeben und müssen zur Zubereitungszeit dazugerechnet werden.

Mengen

Die Zutatenmengen beziehen sich auf die ungeputzte Rohware. Bei Angaben in **Stück** wird von einer mittleren Größe ausgegangen, wenn nichts anderes angegeben ist. Bei Mengenangaben in Esslöffeln **(EL)** oder Teelöffeln **(TL)** sind immer gestrichene Maße gemeint. Bei **Eiern** gilt die Gewichtsklasse M. Wird im Rezept **Gemüsebrühe** verwendet, gilt: Ab 1 Esslöffel Brühe muss etwas Instantpulver in 1 EL Wasser aufgelöst werden. 1 Teelöffel Instantpulver wird wie Streuwürze verwendet.

1 Prise ist so viel Salz oder Cayennepfeffer, wie Sie zwischen Daumen und Zeigefinger halten können. Vorsicht bei Chilipulver!

1 Messerspitze (Msp.) ist die Menge, die bequem auf die Spitze eines Messers passt. Vorsicht bei Sambal oelek!

1 Spritzer entspricht etwa 3 bis 5 Tropfen. Vorsicht bei Tabasco!

Gerichte optimal kombinieren

Wenn Sie verschiedene Gerichte zu einem Tages- und Wochenplan oder Menü kombinieren möchten, beachten Sie jeweils die Farbsymbole und damit die jeweilige Gruppenzugehörigkeit.

Kohlenhydrat- und Eiweißgerichte lassen sich zwar innerhalb einer Gruppe beliebig kombinieren, sollten aber nicht miteinander gemixt werden.

Neutrale Gerichte können entweder Kohlenhydrat- oder Eiweißmahlzeiten ergänzen.

Lieblingsrezepte trennkostgerecht ändern

Wenn Sie auf Ihre bisherigen Lieblingsrezepte nicht ganz verzichten möchten, schreiben Sie die Rezepte einfach nach den Trennregeln um. Eigenkreationen übertragen Sie am besten in ein Heft, auf eine Karteikarte oder in eine Datei im Computer. Beim Verändern von Rezepten und auch bei Eigenkreationen sollten Sie ebenfalls immer die Gruppenzugehörigkeit der einzelnen Zutaten beachten, die Sie verwenden möchten. Mit Hilfe des Trennplans auf den Seiten 14 und 15 gelingen Ihnen die Änderungen im Nu.

Abkürzungen

TL	=	Teelöffel
EL	=	Esslöffel
g	=	Gramm
ml	=	Milliliter
Msp.	=	Messerspitze
geh.	=	gehäuft
Fett i. Tr.	=	Fett in der Trockenmasse

Rezeptregister

■ = Eiweißgerichte
■ = Kohlenhydratgerichte
■ = Neutrale Gerichte

Impressum

Programmleitung:
Doris Birk

Leitende Redakteurin:
Birgit Rademacker

Redaktion:
Tanja Dusy

Lektorat: Dipl. oec. troph. Maryna Zimdars

Herstellung: Petra Roth

Umschlaggestaltung:
Independent Medien Design

Satz: Knipping Werbung GmbH, München

Bildnachweis: Michael Brauner

Autorenfoto: Gaby Gerster

Reproduktion:
Repro Ludwig, Zell am See

Druck: Appl, Wemding

Bindung: Monheim

ISBN: 3-7742-5936-4

Auflage	5.	4.	3.	2.	1.
Jahr	2008	07	06	05	04

Ihr ganz persönlicher Kontakt zu Ursula Summ:
Täglich erreichen Frau Summ Leserbriefe und Anrufe aus dem In- und Ausland, mit vielen Fragen zur Gewichtsabnahme und mit der Bitte, bei der Zusammenstellung von Essplänen behilflich zu sein. Auch wird Frau Summ immer wieder gebeten, Seminare über Trennkost zu halten.
Da Frau Summ Seminare aus zeitlichen Gründen nicht abhalten kann, bietet sie stattdessen einen Fernlehrgang an. In dieser Zeit lernen Sie Ihren Körper besser kennen und ändern Ihre Kopf- und Bauch-Einstellung so, dass Sie Ihr Übergewicht abbauen können.

Weitere Informationen
und kostenloses Infomaterial erhalten Sie bei:

Trennkost Club
Ursula Summ
Buzon N° 356
Calle Patricio Ferrandiz 40
E-03700 Denia/Alicante
Spanien

Telefon: 00 34/96/642 11 20
Telefax: 00 34/96/578 47 15
Internet: www.trennkost.de
E-Mail: trennkost.summ@teleline.es

Das Original mit Garantie

IHRE MEINUNG IST UNS WICHTIG. Deshalb möchten wir Ihre Kritik, gerne aber auch Ihr Lob erfahren, um als führender Ratgeberverlag für Sie noch besser zu werden.
Darum: Schreiben Sie uns! Wir freuen uns auf Ihre Post und wünschen Ihnen viel Spaß mit Ihrem GU-Ratgeber.

UNSERE GARANTIE: Sollte ein GU-Ratgeber einmal einen Fehler enthalten, schicken Sie uns bitte das Buch mit einem kleinen Hinweis und der Quittung innerhalb von sechs Monaten nach dem Kauf zurück. Wir tauschen Ihnen den GU-Ratgeber gegen einen anderen zum gleichen oder einem ähnlichen Thema um.

Ihr Gräfe und Unzer Verlag
Redaktion Kochen
Postfach 86 03 25
81630 München
Fax: 089/41981-113
e-mail: leserservice@graefe-und-unzer.de

GRÄFE UND UNZER
Ein Unternehmen der
GANSKE VERLAGSGRUPPE